KB110904

사지로
내몰린
청소년들
충격 실태 보고서

사지로 내몰린 청소년들
충격 실태 보고서

- 청소년 도박, 성매매, 마약 -

글 | 최인영, 오세라비

북랜드

머
리
말
•
•
•

사지로 내몰린 청소년들

최인영 (교사)

아이들은 말한다. 부모와 교사들을 속이기 가장 쉬웠다고. 불법인지, 자신의 삶을 얼마나 악의 구렁텅이로 몰아넣을지 전혀 감도 잡지 못한 채 지금 이 순간에도 그렇게 주변을 속이고 자기 스스로도 속이고 있는 것이다.

이번 책을 준비하면서 청소년 도박의 실태가 얼마나 심각한지, 이 지경이 될 때까지 우리 사회와 어른들은 무엇을 하고 있었나 심각한 자괴감이 들었다.

도박 중독뿐만이 아니라 그로 인해 파생되는 여러 가지 문제점들도 이제는 임계점을 넘은 듯하다. 청소년들이 사채업자로,

매춘부로, 마약 중독자로 어른들도 쉽게 접하기 힘든 악의 구렁텅이에서 허우적거리고 있다.

처음 오세라비 선생님과 글을 기획할 때는 청소년 도박에 좀 더 초점을 맞추고 있었다. 그렇지만 우리가 만난 청소년들은 그보다 더욱 심각한 지경에 처해 있었기에 기본적으로 청소년 도박의 문제점과 심각성에 초점을 맞추되 그와 관련된 다른 청소년 문제들도 다루고자 힘썼다.

전국의 여러 선생님들과 피해 학생들을 최대한 많이 만나면서 생생한 증언을 담고자 애썼고 현재의 상황이 얼마나 위중한지 보고하고자 노력했다.

대한민국의 교사로서 이러한 사실을 더욱 널리 알리고, 사람들에게 경각심을 일깨우고자 미천한 실력으로 펜을 들게 되었다.

이대로 간다면 대한민국의 미래는 없다. 단언컨대 절망적이라고 할 수 있다. 다시 정상의 길로 되돌려 놓는 데 조금이라도 도움이 되고자 하는 마음뿐이다.

한시 바삐 정부와 교육 당사자들이 힘을 합쳐 이 사실을 공론화하고 그 대책을 마련해야 한다.

지금도 이미 늦었다. 더 늦기 전에 멈추어야 한다.

이 책의 지면을 빌어 청소년 불법 도박과 성매매, 그리고 마약 문제에 대해 세상에 널리 알리고 고발하고자 한다.

머
리
말
•
•
•

청소년 도박, 그 위험한 만남

오세라비 (작가, 칼럼니스트)

근래 들어 촉법소년 범죄행위가 빈번하게 발생한다. 또 촉법소년과 만 14~19세 미만 청소년이 함께 모의하여 저지르는 강력범죄는 미디어를 통해 자주 접할 수 있다. 청소년기 순간적인 일탈행위나 탈선으로 간주하기에는 성인 범죄 못지않게 흉포하다. 소년범죄는 성인범죄 판박이다. 아이는 부모의 '거울'이라는 말처럼 아이는 주변 환경에 따라 보고 배운 대로 행동하기 때문이다.

수년 전부터 청소년의 영혼과 돈을 빨아들이는 인터넷 불법 도박의 가장 큰 원인은 접근이 너무나 쉽다는 것이다. 언제 어디서나 인터넷으로 가능하다. 페이스북, 인스타그램, 트위터, 라인, 카카오톡 단톡방 등에 불법 도박 사이트는 널리 퍼져있다. 온라인 불법 도박은 명백한 도박죄에 해당한다. 하지만 청소년은 이것이 죄라는 사실을 인식하지 못한다. 성인들이 만든 불법 도박 사이트의 가장 큰 희생양은 바로 청소년들이다.

우리나라 불법 도박 시장 규모는 상상을 초월할 정도로 거대하다. 2014년 한국형사정책연구원 추산 101~160조 원 규모였던 것이 2021년에는 200조 원대 불법 도박 시장을 형성하고 있다고 전문가는 말한다. 인터넷 불법 도박으로 벌어들인 돈은 갖가지 대형 범죄와 연결고리가 형성되어 있다. 지난해 10월 중국에 본사를 두고 직원 190명에 5조 7천억 원 규모의 불법 도박 사이트를 운영한 일당이 경찰에 붙잡히는 등 불법 도박 범죄는 끊임없이 발생한다. 경찰에 검거된 폭력 범죄 단체를 조사하면 대부분 해외에 사무실을 두고 불법 도박 사이트도 같이 운영한다. 불법 도박 시장은 '황금알 낳는 거위'가 된 지 오래다.

오늘날 불법 도박 사이트는 점점 대기업처럼 운영되고 있다. 조직원들도 적게는 수십 명, 많게는 수백 명이 총책, 홍보 인원을 모아 활동을 한다. 예컨대 청소년들이 즐겨 보는 웹툰 플랫폼을 불법으로 만들어 이를 미끼로 불법 도박 사이트로 유인한다. 스마트폰 도박에 빠진 청소년들은 이내 빚의 노예가 된다. 학생 간 고리사채 금전 거래를 하는 갈취 행위가 은밀히 이루어지고 있으며, 돈을 갚지 않을 경우 학교 폭력으로 이어진다. 도박에 빠진 청소년이 보이스피싱 범죄에 가담하기도 한다.

상황이 이럴진대 학교 및 교육당국, 학부모들은 여전히 심각함을 느끼지 못하고 있다. 불법 도박 시장은 게임 산업의 발달과 스마트폰 상용화로 걷잡을 수 없을 정도로 번창해 왔다. 그러다 2020년 발발한 코로나 팬데믹은 불법 도박 시장을 더욱 성행하게 만들었고, 호기심 많은 청소년을 최대 피해자로 만들었다. 중·고교생은 한 반에 5명 정도가 매일 불법 도박 사이트에 접속하여 베팅을 한다고 학생들은 증언한다. 또 여러 이유로 학업을 중단하고 학교를 떠난 '학교 밖 청소년'들의 도박 문제는 재학 중인 청소년보다 3배에 가까운 위험 집단으로 확인되고 있다.

부모들은 자녀가 상습적 도박을 하거나 빚을 진 경우에 쉬쉬하며 몰래 돈을 갚아주어, 혹시라도 주변에서 이를 알까 염려하여 덮어둔다. 이때 부모는 현명한 판단을 해야 한다. 미성년 시기의 중독은 치명적이다. 뇌 발달 과정에서 전두엽은 20세까지 지속적으로 발달한다. 전두엽은 사고와 판단, 기억과 집중력, 실행과 창의력 같은 고차원적 기능을 담당하기 때문에 청소년기에 도박, 마약에 중독되면 자기 의지와 상관없이 통제 불능에 이르는 중독 상태가 되는 것이다.

미국 정신의학회는 도박 중독을 충동조절질환자로 분류한다. 즉 일종의 정신질환자란 뜻이다. 그래서 도박 중독은 질병이요, 치료를 받아야 한다. 중독 시기가 빠르면 빠를수록 중독에서 벗어나기 어려워진다. 자녀가 도박 중독이라면 감춘다고 될 일이 아니다.

이제 겨우 15~16세 학생으로부터 "단도박 하고 싶어요."라는 절박한 목소리를 들은 적 있는가. 도박을 끊어 보겠다고 익명의 도박 중독자 모임 사이트를 찾아다니는 고교생의 사연을 들은 적 있는가. 자신의 문제를 부모는 물론이요, 어느 누구와도 의논하지 않는다, 아니 못 한다는 말이 맞다. 치료를 받아야 할 상황인데도 날마다 중독과 싸우는 청소년들을 더 이상 외면해서는 안 된다.

최근 들어 도박을 비롯해서 10대 마약사범 또한 급증하고 있다. 일찍이 경험하지 않은 청소년 집단의 위기 상황이다. 요컨대 본 책에서 열거한 도박 중독에 빠진 청소년의 생생한 사례를 토대로 그동안 감추고 덮어둔 어두운 문제를 수면 위로 끌어올리고자 한다. 그리고 경종을 울림과 동시에 문제 해결을 위한 공감대가 형성되기를 바란다. 청소년은 우리나라를 이끌어갈 인재요, 우리의 미래다. 위기에 빠진 청소년을 구하자. 이것은 청소년만의 문제가 아니기 때문이다.

추
천
의
말
•
•
•

강석화

(경인교육대학교 사회과교육과 교수)

"현실은 상상을 초월한다." 최인영 선생님과 오세라비 선생님이 쓰신 글의 초고를 처음 접했을 때의 느낌이었다. 두 선생님의 글은 오늘날 우리의 청소년들이 얼마나 도박이나 성매매, 마약 등 불법 범죄에 빠져 있는지, 그들이 얼마나 위험한 상황에 놓여 있는지 실태를 낱낱이 보여주고 있다.

어른들은, 기성세대라고 불리는 사람들이건 노년층이라 불리는 사람들이건 청소년들의 비행이나 불법에 대해 들으면 대부분 어려서 한두 번 그럴 수도 있지, 혹은 자라면서 다 겪는 일이지, 하면서 가볍게 생각한다.

그 어른들은 사행성 게임이라야 짤짤이 정도, 향정신성 물품 관련해서는 본드나 부탄가스 흡입, 비행이나 불법이라도 친구들 간의 단순한 주먹다짐이나 용돈 빼앗기 정도만 생각할 것이다.

그러나 현실은 이를 훨씬 뛰어넘는다. 오늘날 청소년들은 도박과 마약, 성매매라는 성인들의 범죄에 그대로 노출되어 있고 청소년들이기 때문에 더 쉽게 중독이 되고 벗어나기 어려운 형편이다.

해외 어느 나라에 못지않은 수준으로 청소년 범법자가 많아진 오늘의 모습을 보면 대한민국은 이미 이 문제를 해결할 시기를 놓친 것으로 보인다. 건전한 청소년들을 보호하기 위해서라도 비행 청소년들을 분리하고 엄벌에 처하는 길밖에 남지 않았다고 생각할 수도 있다. 문제가 있는 청소년들을 보호하고 선도하려 노력하는 것보다는 격리시키고 배제하는 것이 훨씬 편하고 비용이 적게 드는 방법일 수도 있다. 그러나 어떤 계기로 불법에 빠져들게 되었건 모두 새로 거듭날 수 있는 가능성이 있는 청소년, 아직 어린 나이의 미성년자들이라면 어른들이나 사회는 이들을 쉽게 포기해서는 안 된다고 생각한다.

청소년 문제에 직·간접적으로 관련이 있는 교육당국자나 학부모, 교사들은 물론 일반인들도 다음 세대의 청소년들 사이에 무슨 일이 벌어지고 있는지 알아야 한다. 실상을 정확히 알아야 문제 해결을 위한 바른 길을 모색할 수 있기 때문이다. 이를 위해서는 청소년 범죄의 실체를 직접 접하고 실상을 알리려 노력한 이 책을 꼭 읽어볼 것을 모두에게 권한다. 특히 범죄의 대상이자 주역이기도 한 청소년들이 이 책을 읽고 범죄의 길에서 빠져나올 수 있는 깨달음을 얻을 수 있기 바란다.

차 례

제 1 부
사지로 내몰린 청소년들

글 | **최인영** (교사)

　평소 다양한 분야의 스포츠를 즐겨 보고 관련 기사를 찾아보는 등 나름대로는 굉장한 스포츠 마니아에 속한다고 생각했다. 스포츠 토토? 스포츠는 스포츠 그 자체로 즐길 뿐 아무런 관심도 없었고 나와는 무관한 이야기인 줄 알았다. 어쩌다가 학생들과 스포츠에 관한 이야기를 할 때도 그냥 그 나이 또래의 관심사이자 여가 생활일 뿐이라고 생각했다. 그러나 청소년 불법 도박의 실태에 대해서 조금씩 알아갈수록 이것은 우리 사회를 파멸의 길로 몰고 갈 수 있는 큰 사안이라는 위기감이 들었다. 청소년들의 정신과 삶을 파괴하고 있는 불법 도박은 이제 온 나라가 나서서 그 근원을 발본색원해야 하며, 어쩌면 이미 그 시기가 늦었을지도 모른다는 생각에 참담함을 금할 수 없다.

A시의 대표적인 명문, 전국적으로도 유명한 어느 남자 고등학교에서 근무할 때의 이야기다.

- 선생님 스포츠 엄청 좋아하시잖아요? 이번에 *NBA*에서 *B*팀이랑 *C*팀이랑 누가 이길 것 같으세요?

= 음… *B*팀이 연승 중이기는 한데 백투백 경기이고, 지난 경기에서 팀의 에이스가 부상을 입어서 *C*팀이 순위는 낮지만 이기지 않을까 싶은데?

- 정말요? 그러면 점수 차이가 많이 날까요?

= 응? 점수 차이? *C*팀이 이겨도 그렇게 크게 이길 것 같진 않아. 기본적으로 전력이 약해서. 아마도 *10*점 내외?

- 우와, 선생님 정말 잘 아시네요! 감사합니다.

= 감사? 무슨 감사? 이상한 소리 그만하고 진도 나가자.

며칠 후 그 학생은 평소 내가 좋아하던 스포츠 드링크를 선물하며 말을 이어갔다.

- 와, 선생님 정말 대단하세요! 선생님 말씀대로 진짜 C팀이 이겼고, 8점 차이로 이겼어요. 선생님 덕분에 아주 크게 먹었어요! 감사합니다.

= 응? 뭘 먹었다고?

- 아, 아니에요. 좀 있다 수업 시간에 뵈어요.

알고 보니 그 아이는 불법 스포츠 토토에서 C팀에 큰돈을 걸고 점수 차이 범위까지 맞추는 바람에 보너스 금액까지 딴 것이었다.

아이들을 위해 목숨까지 바치진 못하더라도 항상 최선을 다해 진심으로 대하자는 나의 교직관과 교사 생활은 순식간에 학생의 불법 도박을 도와준 꼴이 되어버린 것이다.

큰 자괴감과 괴로움에 빠져 한동안 정신을 못 차리고 있다가 그때의 경험을 바탕으로 수업 시간, 아이들의 방과 후 여가 시간을 알아보니 실로 청소년 도박의 실체는 알아가면 알아갈수록 참담한 수준이었다.

조례 시간에 공기계를 제출하고 자신의 휴대폰으로 수업 시간은 물론 하루 종일 불법 도박을 일삼고 있었다. 심각하게 중독된 아이는 스포츠 토토뿐만 아니라 홀짝, 블랙잭, 바둑이 등

갖가지 불법 도박에 베팅을 하고 있었다.

전국 고등학교 순위에서 10위권에 해당되는 학교의 아이들이 이 정도 수준인데 다른 학교 아이들은 어느 정도일까? 본의 아니게 거기에 동참해 버린 나는 어떤 교사인가? 너무나도 참담한 마음을 금할 수 없었다.

청소년들에게 이렇게 인터넷 불법 도박이 만연하게 된 이유는 무엇일까?

첫 번째로 접근성이 매우 용이하다는 특징을 꼽을 수 있다. 언제 어디서나 스마트 폰만 있으면 인터넷으로 누구나 쉽게 접근 가능하다. 인스타그램, 페이스북, 트위터, 라인, 카카오톡 단톡방 등 접근성이 매우 용이하다.

두 번째로는 단순 접속만으로는 범죄 성립이 안 되기 때문이다. 단순 로그인만으로는 범죄 성립이 안 되기 때문에 누구나 호기심으로 언제든지 접속해 볼 수 있다. 하지만 주변 친구들이 베팅으로 돈을 벌었다거나 사이트 내에서의 베팅 후기, 베팅을 하게 되면 사이트에서 지급하는 여러 가지 혜택들 때문에 단순 접속이 베팅으로, 베팅이 중독으로 이어질 확률이 매우 높다.

세 번째, 사이트의 끈질긴 유혹이 있다. 사이트가 폐쇄되어 새로운 사이트를 오픈할 때 기존 회원의 핸드폰 번호, 카카오톡 아이디, 기타 SNS 정보 등으로 지속적인 유인을 감행한다. 실제로 청소년들은 이러한 인터넷 불법 도박이 범죄라는 사실을 모르거나 인지하고 있더라도 그 심각성을 모르고 계속 베팅에 참여하게 된다.

이러한 심각성 속에서 그에 파생되는 위험은 청소년들을 아예 범죄자의 길로 이끌기도 한다.

첫째, 보이스 피싱에 관여될 수 있다.

도박 사이트에서 관계자와 친분을 쌓거나 관계자에게 약점을 잡힌 청소년들은 보이스 피싱의 인출책, 수거책, 대포통장 심부름 등에 동원되고 심지어 자신의 통장이 범죄에 이용되기도 한다.

둘째, 학교 폭력에 가담할 수 있다.

도박 자금을 마련하기 위해 실제로 학급이나 학교의 급우들에게 학교 폭력을 행사하여 금품을 갈취하거나 그들의 통장을 또 다른 대포 통장으로 이용하는 사례, 그들을 강제로 사이트에 가입시켜 추천인 포인트를 지급받는 방식 등으로 부족한 도박 자금을 충당하는 사례들이 아주 많이 보고되고 있다.

셋째, 성매매 및 성매매 알선에 가담하고 있다.

남학생들만 불법 도박에 빠지는 것이 아니라 여학생들도 쉽게 돈을 벌 수 있다는 생각에 이러한 도박의 굴레에 빠지는 경우가 매우 다수 보고되고 있다.

도박 자금이 떨어진 여학생들은 불법 성매매를 통해 도박 자금을 충당하거나, 주변의 유약한 학생들의 나체 사진을 찍어 협박해 그들을 성매매에 동원하는 성매매 포주, 알선책으로까지 범죄의 영역을 넓히기도 한다.

거기다가 빌린 돈을 갚지 못하여 성범죄를 당하거나 그 사실을 숨기기 위해 강제로 성매매에 동원되기도 하고 성범죄를 빙자한 무고죄 고소 협박을 통해 돈을 갈취하기도 한다.

도박 중독에 따른 범죄들뿐만 아니라 아예 대놓고 청소년들을 범죄 조직의 끄나풀로 이용하는 사례도 증가하고 있다.

도박할 사람(도박 이용자)을 모집한 후 딜러(모집자)에게 돈을 입금한 다음 일반 인터넷 게임인 사다리 게임, 홀짝, 고스톱 등 승무패 결과에 따라 돈을 분배하고 딜러는 수수료를 공제하고 도박 이용자에게 분배하는 수법을 씀으로써 청소년들을 단순 도박 중독이 아니라 도박 사이트의 딜러로서 참여하게끔 하는 것이다.

한국도박문제예방치유원이 발표한 2020년 청소년 도박 문제 실태 조사에 따르면 전국 중·고교생 중 도박 문제 위험집단으로 분류된 학생은 6만 3,675명이다. 이는 전국 중·고교생의

2.4%인데 위험군은 1.7%, 문제군은 0.7%였다.

2021년에는 8~10월 전국 중·고등학생(중1~고2) 1만 7,520명을 대상으로 국제적으로 통용되는 'CAGI(Canadian Adolescent Gambling Inventory)'를 사용한 집단면접 방식이 실시됐다. 그 결과, 도박 문제 위험집단 비율이 2015년 5.1%보다 1.3% 증가한 6.4%로 나타났다. 도박 문제 위험성이 높은 문제군은 1.5%(2015년 1.1%), 문제 수준으로 진행하고 있을 가능성이 의심되는 위험군은 4.9%(2015년 4%)였다. 이에 따라 우리나라 청소년의 14만 5,000명이 도박 문제 위험집단(문제군 약 3만 4,000명, 위험군 약 11만 1,000명)으로 추정되었다.

그러나 코로나19 팬데믹 영향으로 도박 중독 청소년이 급증하였고, 통계로 나오는 수치를 훨씬 웃돌 것으로 보고 있다.

한 반에 5명 중 1명꼴로 인터넷 도박에 중독되어 있고, 판돈은 1만 원에서 시작해서 10~20만 원, 100만 원 이상까지 매우 다양하다. 도박 빚 100만 원은 미미한 수준에 들어갈 만큼이고 많게는 1~2천만 원에 고리의 사채까지 쓰는 것으로 나타났다.

2019년 N번방 사건의 운영진도 불법 도박 카톡방을 운영, 아이디 '평경장'(16세)은 불법 성 착취 영상을 확보해 불법 도박에 참여하면 영상을 보내주는 수법으로 많은 이익을 편취하였다.

청소년들이 즐겨 찾는 애니메이션 사이트, 게임 사이트 접속 시 불법 도박 사이트 링크를 연결하거나 포르노물(야동)로 청소년들을 끊임없이 유혹한다.

불법 도박 사이트의 회원이 되려면 반드시 추천인이 필요하고, 본인 확인 절차는 계좌 인증 → 연락처 → 본인 확인 통화 후 가능하도록 하고 있다. 청소년 도박은 주위의 친구 추천으로 시작하는 경우가 많다. 추천을 해서 가입자가 돈을 잃으면 배당금을 받고, 돈을 따면 배당금을 받지 못한다. 청소년들이 연관되었다고는 보기 힘들 만큼 매우 악독하고 치밀한 시스템이라 할 수 있겠다.

사안이 이렇다 보니 도박 비용을 대기 위해 불법 대출을 하거나 학교 내 금품 갈취, 학생 간 고리 사채, 대리 입금 등 2차 범죄로 이어지고 있다. 또한 청소년들이 도박을 하다가 모집책으로 발전하여 조직 폭력배들과 관계를 맺고 청소년 대부업자, 또래 포주, 청소년 조직 폭력배 결성으로까지 이어지고 있다.

더 나아가 중고 거래 사이트 사기를 통해 사기 범죄자가 되기도 한다. 불법 도박 사이트 가입 후 대포폰, 대포 통장 계좌를 얻은 뒤 '중고나라' 사이트에서 사기를 친 후 대포 통장으로 입금받는 방식이다. 이런 식으로 성매매, 마약 유통, 청소년 조폭 가담 등의 범죄 세계로 깊숙이 빠지는 것이다.

학교 밖 청소년(9~24세 사이 학교에 다니지 않는 청소년)들의 도박 중독 실태는 더욱 심각하다. 저소득층의 비중이 높으며, 정부의 '기초생활수급비'가 지급되는 매달 20일에는 그 돈을 생활비에 쓰지 않고 불법 스포츠 도박으로 탕진하는 경우가 급증하고 있다.

소년원에 수용되는 상당수 청소년들은 청소년 도박 중독으로 인한 폭력이나 다양한 범죄들과 연루된 경우가 많다. 어린 빚쟁이들이 양산되고 학생들 간의 고리 금전 거래도 활발하게 이루어지고 있다. '5빌8갚'(5만 원을 빌리면 8만 원으로 갚겠다) 등 선이자를 떼고 정해진 기간이 지나면 아주 높은 고리의 이자를 덧붙여 갚아야 한다. 갚지 못하면 더 높은 고리를 적용받거나 학교 폭력을 당하고 앞서 언급한 성매매 등의 늪에 빠지게 된다.

도박 사실을 숨기기 위해 친구 계좌를 빌려 대리 베팅을 하거나 불법 도박 운영에 깊이 관여하여 수고비를 받는 경우, 후배들을 강제로 불법 도박 사이트에 가입시켜 중독자로 만든 뒤 온갖 범죄에 동원하는 등 현실은 매우 참혹한 수준이다.

성인이 되어서도 그것을 끊지 못해 군대 훈련 시간 짬짬이 불법 스포츠 도박에 베팅을 하거나 도박과 거의 유사한 시스템인 가상 화폐에 투자하여 거액을 날리고 정확한 분석이 아닌 도박 수준의 주식 투자 등으로 이어져 자신의 삶을 파괴하는 것뿐만 아니라 자신의 가정까지 철저하게 파괴하고 만다.

유명 SNS 사이트에는 일탈계(일탈하는 계정)라는 이름의 가계정들이 부지기수로 많다. 검색창에 일탈계라고 치면 초등학교 저학년부터 고등학생들까지 다양한 연령대의 수많은 일탈계들이 검색된다. 자신의 신체 부위를 찍어 금전 거래를 하거나 성매매에 가담하여 그 돈으로 도박성이 강한 모바일 게임에 현금 충전을 한다. 그 과정에서 신상이 잘못 노출되면 또래 청소년들이나 나쁜 성인들에 의해 성매매에 이용당하거나 그 사람의 성노예가 되어 이루 말할 수 없는 고통 속에서 살게 된다.

그와 비슷하게 SNS에 가출팸(가출 패밀리)이라는 검색어를 치면 지역별로 다양한 연령대의 가출 청소년들의 모임이 검색된다. 가출을 하긴 했는데 돈이 없어서 성매매를 하거나 성매매의 포주로 활동하고, 심지어는 유흥업소의 관리망에 들어가면 중학교, 고등학교를 가야 하는 시기에 유흥업소에서 접대와 성매매를 하게 되는 것이다.

이 과정에서 유흥업소의 포주들은 아이들이 탈출하는 것을 막기 위해 펜타닐 같은 마약을 공급하여 저항불능의 상태로 만들고 이제는 돈이 문제가 아니라 마약을 받기 위해 성매매에 적극적으로 동참하게 된다. 약에 취해 저항불능의 상태에서 강간을 당하거나 성매매에 적극 동참하고, 그러다가 마약 중독으로 사망하게 되면 소리 소문 없이 버려지는 것이다. 실종된 여자 가출 청소년들 중 오랜 시간 행방을 추적할 수 없다면 이미 그렇게 희생당했을 확률이 매우 높다.

일부 교사들의 과도한 체벌이 문제가 되어 학생 인권 조례가 생겼지만 이제는 그것이 오히려 발목을 잡아 아이들을 제대로 관리할 수 없는 지경에 이르렀다. 휴대폰을 거둬 가거나 압수하지 못하고, 소지품 검사를 하지 못해 학교에 마약을 들고 온다. 이제는 이 학생 인권 조례에 대해서도 강력히 재고해볼 시점이다. 장기적으로, 아이의 인생 전체를 봤을 때 무엇이 아이를 위한 길인지 교사인 혹은 어른인 우리들이 진지하게 고찰해 보아야 한다.

아래는 제보된 자료이다. 청소년들의 울부짖음을 살펴보도록 하자.

첨부 자료 1 : 20년 8월 30일 오세라비 메일

안녕하세요. 현재 고등학교 3학년에 재학 중인 ○○○입니다.

저는 예전 대구 소재 인문계열 J 고등학교에서, 바른생활부장(선도부장)을 했었고, 이 학교에서 있었던 도박 사례와 함께, 도박 문제에 대해서 제보를 하고자 이와 같이 전자 우편을 남깁니다.

현재는 J 고등학교를 다니지 않고, 타 학교로 전학을 간 상태입니다. 현재 타 학교에서 또한 학생들의 불법 도박 문제들을 알고 있고, 이에 따른 실제 도박을 해 보았던 사람들에 대한 이야기를 제보해 드릴 수 있습니다.

교사들은 학생들의 불법 도박 문제에 대해서 이미 잘 알고 있습니다. 그러나 아무도 나서서 이를 해결하려고 하지 않으며, 매우 쉬쉬합니다. J 고등학교 재학 당시, 반에 있던 학생들의 3분의 1 이상이 불법 도박을 했었습니다. 담임 교사도 이를 알고 있었으나, 적극적으로 도박 문제에 대해서 해결하려 하지 않았고, 그냥 단순히 "○○아 도박 그만해라~" 이런 식으로 장난조로 말하면서 말리지 않았습니다.

학교에서는 이러한 도박에 대한 설문을 해도, 자기 자신이 설문지에 '도박은 한 경험이 없음'이라고 기록한다면 못 잡을 뿐만 아니라, 학교에서 말릴 생각을 하지 않습니다.

도박의 진행 상황을 보기 위해서 수업에 집중하지 않고, 새벽까지 TV로 스포츠 토토를 보다가 학교에서 와서 하루 종일 숙면하는 학생들의 몰골과 이를 알고 있으나 무시하고 있는 교사들을 제보하고, 이 문제를 적극적으로 사회에 알리고자 전자 우편을 보냅니다.

익명이 100% 보장이 된다는 전제 아래 전화 또는 대면 제보를 하겠습니다. 명예 훼손 또는 신상 유출에 대한 우려가 있을 경우, 제보를 하지 못할 수도 있는 점 양해 부탁드립니다.

감사합니다.

첨부 자료 2 : 중·고교생 자녀를 둔 한 어머니가 본 학생 도박과 방안

청소년 도박의 주요 원인 중 한 가지가 돈 때문이다. 예를 들어, 남학생들은 여자 친구와 사귀기 위해 돈이 필요하다. 여자 친구 선물도 사 주고 맛있는 음식도 사 주려면 돈이 필요하다. 사행성 도박은 남학생들에게 가장 손쉽게 돈을 벌 수 있는 수단으로 인식되기 때문이다.

청소년 시기는 명품의 유혹에 약하다. 명품을 갖고 싶어 불법 도박을 하는 경우도 있다. 예를 들어 나이키 에어맥스(약 이십만 원 정도)는 부모에게 조르면 살 수 있는 신발이 된 세태다. 청소년들에게 이십만 원짜리 신발은 별것 아니다. 그래서 50만 원대부터 시작하는 명품을 사기 시작한다. 부모에게 용돈을 받고, 경우에 따라 아르바이트도 하며 명품을 산다.

교복과 매치할 옷, 신발, 지갑(구찌 90만 원), 시계(최소 30만 원), 신제품 통신기기 구입(아이폰 120만 원-카메라 3개 달린 것, 에어팟 30만 원, 애플 워치, 갤럭시 워치 44만 원 등). 고가의 제품으로 치장하는 것이 청소년들의 로망이자 부러움의 대상이다. 이를 위해 불법 도박의 유혹에 빠져 빚을 지고 나락을 빠지는 학생들도 있다.

중·고교생 자녀를 키워보고 또래 학생들과 학부모들을 보며 참으로 고민이 많다. 어떻게 해야지 우리 아이들이 바르게 성장할 수 있도록 교육해야 할까. 우선 어른들의 반성이 필요하다고 생각한다. 먹고사는 데 분주해서 자녀 교육을 학교, 학원에 맡기기만 했지 관심과 책임에 소홀했다. 그러나 어른들도 어른이 처음이다. 먹고살기 힘들었던 시절, 자녀들에게 가장 좋은 음식 먹이려면 열심히 돈을 벌어 공교육, 사교육 시키는 것이 사랑이고 관심이었다.

그러나 지금은 자녀 교육의 위기다. 정부의 책임도 크다. 주변 학부모들 말을 들어보면 공교육이 싫지만 어쩔 수 없이 보낸다는 부모들이 많다. 스승은 스승 됨을 잃어버렸고, 스승이 아닌 노동자가 된 한국 교육현장이다.

방법 몇 가지를 생각해 봤다. 정기적으로 다양한 부모 교육을 적극적으로 했으면 한다. 학교나 온라인, 공개강좌 등. 또 정부는 불법 도박 사이트 차단 등 빠르고 적극적인 대처를 해야 학생들이 안전하다. 청소년들에게 돈의 가치를 알려주는 교육도 필요하다. 공교육 현장은 밝은 에너지를 만들고 유지하기 위한 청소년 스포츠 활성화, 음악·미술 실습을 위한 프로그램을 활발하게 추진했으면 한다. 지자체 공공 수영장이나 예술회관 활용 등 가능한 방법을 통해, 학생들의 에너지를 불법 도박에 쏟지 않게 말이다.

첨부 자료 3 : 불법 도박 경험과 친구들의 도박 사례

나는 불법 도박 경험자다. 다행히 조금만 하다 그만두고 지금은 완전히 끊었다. 우연히 인터넷 도박 사이트에 들어가 구경을 하였다. 어느 날 문자로 2만 원 상당 EPL 쿠폰에 당첨이 되며 도박에 발을 디디게 되었다. 처음엔 운이 좋아서인지 도박을 해서 약 1천만 원 정도 땄다. 그러나 그것도 잠시 결국 딴 돈을 짧은 시간에 모두 잃고 정신을 차려 다시는 하지 않았다.

내 친구 중 두 명이 도박을 했다. 한 명은 나처럼 초기에 도박 탈출을 성공한 케이스다. 다른 친구 한 명은 도박을 계속하다 크게 빚을 졌다. 지인들에게 돈을 여기저기 빌리고 제3금융 캐피탈 회사 등에서 돈을 빌렸는데 3~4천만 원 정도 되는 것 같았다. 이 친구도 과거 나처럼 불법 스포츠 토토부터 시작하게 된 경우다. 다들 처음에야 만 원, 이만 원 베팅을 하지만 금방 1백만 원 베팅도 하는 것이 사람 심리다. 이 친구도 빚을 수천만 원 지게 되었다. 도박 빚을 갚기 위해 대학 진학도 못 하고 아르바이트, 택배 등 투잡, 쓰리잡 닥치는 대로 일을 해 현재 빚을 거의 다 갚은 상태다. 불법 도박을 했다 나락을 경험했고, 이제는 도박 빚에서 벗어나는 마지막 단계에 이르렀다.

도박 중독에서 벗어나려면 분노조절장애가 있거나 절제력이 없으면 불가능하다고 생각한다. 도박 중독에서 탈출한 친구들 사례를 보면 그나마 절제력이 있었기에 가능했다.

다음의 청소년 도박 중독 상담 사례를 통해 더 자세히 알아보도록 하자.

[청소년 도박 중독 상담 사례. 2021~2022]

다음 사례들은 학생 도박 중독에 대한 답답한 마음에 이들의 이야기라도 들어보자는 의미로 '청소년 도박 중독 예방'이라는 카톡방을 열어 서로 대화하고 때로는 상담도 한 내용이다. 도박에 빠진 학생들은 중독에서 벗어나고자 애를 쓰지만 부모는 물론 어느 누구에게도 말하지 못하기 때문이다.

#1. 고등학교 3학년, "첫 시작이 새해 용돈으로 불법 스포츠 토토 사이트 접속"

"도박을 정말 끊고 싶어요." 한 고교생의 첫마디다. 무슨 말을 해 줄 것인가, 이럴 때마다 난감하고 안타깝기 짝이 없다. "늦었다 생각할 때가 이른 법이에요. 지금 당장 의지를 가지고 끊어야 합니다." 이런 말을 하지만 과연 무슨 도움이 될까 싶다. 학생들의 고민이나 하소연이라도 들어주는 것이 우선적이다.

이 학생은 불법 스포츠 토토를 너무 많이 했다고 털어놓았다. 특히 2020년 초 코로나19가 터지고 나서 불법 도박 사이트 접속이 더 잦았다. 고교 2학년 무렵 불법 스포츠 토토 사이트에 들어가게 된 계기가 부모, 친인척으로부터 새해 용돈을 받은 후였다. 처음에는 1만 원으로 출발하여, 이내 10만 원, 20만 원이었고, 많게는 50만 원도 충전해서 도박을 하였다. 그러다 현재 도박 빚은 120만 원 정도라고 한다.

#2. 고등학교 2학년, "따고 잃고 따고 잃고… 무한 반복"

"현재 도박 빚은 25만 원이에요." 이렇게 말하는 학생의 고백을 듣고 그나마 다행이라는 생각부터 들었다. 도박하는 다른 친구들에 비하면 훨씬 액수가 적기 때문이다. 25만 원 중 20만 원은 친구한테 빌린 돈이라 한다. 물론 부모는 이 사실에 대해 모르고, 절대 몰라야 한다고 이 친구는 거듭 강조했다. "도박해서 돈을 따도 옷을 사거나 표시 나는 물건은 절대 안 사요." 이유는 새로운 옷을 살 경우 엄마가 당장 의심하기 때문이란다. 이 친구는 도박을 그만두고 싶다는 생각은 100번도 넘게 했다고 한다. 스스로 휴대폰 정지도 해봤고, 같이 토토 하는 친구들을 차단도 했지만 매번 실패하였다고 한다. 따고 잃고 따고 잃고를 반복하는 일상이다. 자연히 학업은 뒷전이다.

#3. 고등학교 2학년, "모의고사 중간에 화장실 간다고 허락받고 화장실에서 토토"

"인생이 꼬였어요." 스스로 자신의 인생이 꼬였다고 말하는 학생. 도박이 나쁜 줄 알지만 끊기 힘들다고 말한다. 토토는 물론 바카라, 미니게임, 그래프 등 웬만한 건 다 해봤다고 말한다. 심지어 "모의고사 중간에 대변이 마렵다고 거짓말로 허락받고 화장실에서 토토에 들어가 한판 했어요." 그러면서 불법 도박 사이트 접속은 너무도 쉽다고 한다. "유해 사이트가 막혀 있어도 Vpn 우회 앱을 깔아 실행만 하면 어떤 도박 사이트도 가능해요. 유명한 애니메이션 한정판 DVD를 구하려고 공유 사이트 같은 데서 볼 수 있을까 들어갔더니 광고는 전부 도박 아니면 포르노 사이트가 떠요." 학생들은 성인보다 컴퓨터 다루는 실력이 뛰어나 어떤 불법 사이트도 다 뚫을 수 있다는 것이다. 이러니 불법 도박 사이트, 포르노, 성매매 등 유해 사이트에 상시 노출되어 있다.

#4. 중학교 3학년, 코로나19 터지고 도박 시작했어요

처음에는 코로나가 터지고 학교도 가지 않아 컴퓨터만 하다 도박을 시작했다는 학생이다. 처음에는 당연히 재미로 시작했다. 운 좋게 돈을 따기도 하지만 돈이 바닥이 나면 참을 수 없어 계속하였다. 이 친구 역시 부모가 알면 더 크게 혼날 수 있어 말하지 못한다고 한다. "어떨 때는 상담이라도 받아볼까 생각하지만 그랬다가 엄마에게 들키면 어떡해요." 이 친구의 최초 도박 입문 상황이다.

첫 시작이 코로나 팬데믹 상황에서 학교를 가지 않아 심심하던 차에 친구가 말했다. "3분의 2 확률로 맞추는 게임이 있다. 한 번 맞추면 대충 4,900원 정도 들어온다." 친구의 말에 혹해서 시작한 도박이다. 몇 번 4,900원을 땄는데 기분이 엄청 좋았다고 한다. 그러다 결국 금액이 점점 커져 지금은 한 번에 50만 원 베팅도 하고 최소 100만 원 환전은 해야 만족하는 지경에 와버렸다고 스스로 한탄한다. 4,900원 딴 재미로 시작한 도박이 중3 학생을 도박 중독으로 만든 케이스다.

#5. 고등학교 3학년, "수능 30일 남았는데… 아빠 카드로 먹고 싶은 거, 사고 싶은 거 다 사요. 그래도 도박해요"

이 학생은 요즘 보통 학생들이 그렇듯 아카(아빠 카드), 엄카(엄마 카드)로 책, 음식, 카페도 가고 필요한 물건을 산다. 수능이 30일 남았다는 이 친구는 돈은 전혀 부족하지 않은 가정이다. 그런데도 도박을 시작해보니까, 자신의 계좌에 딴 돈이 들어와 있는 것을 보면 너무 기분이 좋아서 지금까지 계속하게 되었다.

"혹시 도박하지 않을 때 운동은 하지 않나요?"라고 물었다. 그러나 도박을 하지 않을 때면 늘 게임을 하거나 운동이라고는 친구들과 축구나 가끔 하는 정도로 몸 움직이는 일은 하지 않는다고 말한다. 이 학생 역시 불법 도박 사이트 찾기란 너무나 쉽다고 한다. 구글에 도박 사이트 도메인이 뜨면 로그인만 하면 끝! 수능도 다가오고 이래선 안 되겠다 싶어 사이트 탈퇴를 다 했지만, 참기 어려워 친구 아이디를 빌려 또 도박을 한다. "친구가 아이디 빌려주는 것을 거부하면 계속 보채고 찡찡거리면 아이디, 비번 알려줘요."

#6. 고등학교 2학년, "한 반에 26명인데 4~5명은 매일 도박해요"

남자 고등학교 재학 중인 학생이 알려온 상황이다. "4~5명은 매일 도박을 하는데, 한 번도 안 해본 아이들은 거의 없다고 봐야 해요." 이 친구는 허리디스크가 생겨 침대에 누워있는 시간이 많아 친구들 따라 한 번 해본 후 도박 중독에 빠진 케이스다. 그래도 지금은 도박을 멈추고 참고 있는 상태라고 한다. 다행이다.

#7. 중학생, "저는 도박 중독입니다. 오늘도 15만 원 날렸어요"

　중학생이라고 밝힌 학생은 도박에 빠진 지 3년 정도 되었다니 현재 중학교 3학년으로 추정된다. "너무 괴로워요. 진짜 그만두고 싶어요. 오늘도 모아 둔 돈 15만 원 날렸어요. 처음에는 rpg라는 게임을 하다, 룰렛을 하게 되었어요. 여태 도박에 날린 돈만 1백만 원쯤 될 거예요." 이 학생은 정말 본인도 그만하고 싶다고 간절하게 말했다. 멈추려 해도 멈춰지지가 않는다며, 3년이라는 시간을 기억 속에서 지워버리고 싶다고 한다. 너무 어린 나이에 도박에 물든 경우다.

#8. 고등학생, "600만 원가량 도박으로 날렸어요"

　같은 반 친구들이 토토를 하는 것을 보고 흥미를 느껴 같이 한 것이 도박의 시초였다. 여러 번 도박을 끊었지만, 다시 재발해서 원점으로 돌아갔다고 하소연한다. "내가 생각해도 너무나 한심하고, 아르바이트해서 모은 돈, 용돈 전부 도박으로 날렸어요. 오늘만 60만 원 잃었어요. 여태 600만 원 정도 날렸어요. 도박 사이트가 사기라고 스스로 생각하면서도 사기꾼들에게 돈을 가져다주는 나는 정말 바보예요."

　이 학생은 단골로 접속하는 도박 사이트를 탈퇴하려고 신청했지만, 운영자들이 말로만 탈퇴시켜 주겠다고 하고는 계속해주지 않았다고 한다. 그러다 고등학생 신분이라고 사정사정 하니까 그때서야 탈퇴시켜 주었다고 말한다. 그러면서 나중에 도박을 완전히 끊고 도박에 빠진 청소년들을 위해 뭐라도 도움이 되는 자원봉사 같은 것도 하고 싶다고 말했다. 본인 말대로 불법 도박 사이트가 사기라는 사실을 인지하는 것만 해도 어딘가.

#9. 고등학생, "학교에 왔는데 도박하는 친구들 보니 또 흔들려요"

"불법 도박 사이트 운영하는 나쁜 놈들 못 잡는 건가요?" 이 학생은 도박이 나쁜 행위라는 것도 알고, 불법 도박 사이트 운영이 불법이라는 것도 아는 친구다. 그러나 학교에 오면 친구들이 죄다 스포츠 토토, 룰렛, 바카라, 사다리 타기 등에 열중하는 것을 보면 도저히 끊기가 어렵다고 어느새 도박 사이트에 접속하는 자신을 보며 한탄하는 친구다. 학교가 도대체 왜 이렇게 되었나.

#10. 도박하는 아들을 둔 어머니 사연

한 어머니의 사연이다. 아들이 중학교 2학년에 다니면서 스마트폰으로 하는 도박을 친구들로부터 배웠다고 한다. 아들은 현재 20대 초반이며 대학교 1학년 1학기만 다니고 자퇴하였고, 현재 유흥업소에서 웨이터로 일하고 있다고 한다. "청소년 도박 문제가 정말 심각한데 모두 손 놓고 외면하는 현실을 보며 정부나 정치인들이 너무 무책임합니다." 현재도 스마트폰으로 여전히 도박을 하는 아들을 지켜보며 애타는 어머니다. "불법 도박 사이트를 차단해달라고 청와대 국민청원도 넣어 봤고요, 도박 중독자 가족모임에도 나가봤어요." 이자놀이 하는 학교 일진들에 대해서도 이 어머니는 잘 알고 있었다. 아들 문제로 한국도박문제관리센터에도 여러 차례 다녀왔다고 한다. 강원랜드, 과천경마장, 경륜장도 다 없어지면 좋겠다며 도박이라는 말만 들어도 가슴이 벌렁거린다고 애타는 심정을 말한다. 도박에 빠진 자녀들로 인해 애태우는 부모들이 얼마나 많을까.

#11. 20대 청년, 도박 빚이 5천만 원이 넘어요

"1년 반 전에 아버지가 도박 빚 1천만 원 정도 갚아 준 적 있어요. 그 후 어떻게 해서든지 잃은 돈 만회하려고 도박을 계속하다 지금 빚이 5천만 원 조금 넘어요. 그중에 지인에게 빌린 돈도 있고 그 돈은 꼭 갚아야 하는데 갚으려 해도 갚을 수가 없는 상태입니다. 부모님이나 형제들도 경제적 여유가 없는 형편이고요. 나의 뇌는 도박에 중독된 상태라 도저히 자제가 안 됩니다. 며칠 전에는 너무 힘들어서 허리띠로 목을 매 자살하려고 시도까지 했답니다."

부모나 형제에게 털어놓을 용기도 면목도 없다는 청년은 벼랑 끝에 서 있었다.

#12. 고등학생, "도박 끊고 싶어요. 잃은 돈은 어떡하죠?"

도박하다 돈을 잃어본 학생들은 모두 후회막심과 도박과 단절하고 싶다고 입을 모은다. 한국도박문제관리센터 도박 중독 전문상담 1336에 전화해서 도움을 받아볼 생각은 없느냐고 물었더니 "불이익은 없나요?" 그렇다, 도박에 빠진 학생들에게 1336은 너무나 거리가 멀고 문턱이 높은 기관으로 느껴지나 보다. "본전 생각나요. 잃은 돈 다시 찾고 싶어요." 도박으로 잃은 돈을 누가 돌려줄까. 본인도 불가능하다는 걸 알면서 하는 말일 게다.

#13. 고등학생, "알바 도박 알바 도박… 이게 내 인생"

"인생이 엿 같아요. 알바해서 돈 모으면 도박, 또 알바 그리고 도박, 알바를 무한 반복 중이라는 19세 고등학생이다. 내

막을 들어보니 다행스럽게 아직 빚은 없는 상태다. 1336번으로 전화해서 중독이 심해지기 전에 꼭 상담 받아서 이겨낼 수 있게 도움을 받으라고 했다. 이 말 외엔 해 줄 말이 없다.

#14. 22살 청년 "도박 안 한 지 2일 차"

고등학교 다닐 때부터 도박을 했다는 22살 청년은 매일 도박을 그만하자고 다짐을 하건만 헛일이라고 한다. 며칠 후, 야구 시즌이 개막하자 또 베팅을 했다고 한다. 또 다짐한다. 오늘로써 도박 사이트 접속 안 한 지 2일째라 한다. 2일간 도박하지 않고 참은 것이 스스로 대견한가보다. 충전하고 싶을 때마다 죽을힘을 다해서 참고 버텨보겠다고 한다. 일단 100일 동안 도박하지 않고 참겠다며 다짐 또 다짐한다. 행운을 빈다.

#15. 21살 대학생, 2시간 만에 327만 원 도박으로 날리다

"죽고 싶네요." 이 대학생은 단 한마디만 남기고 카톡방을 나갔다. 어떻게 말릴 새도 없이 죽고 싶다는 말만 남겼다. 극단적인 선택만 하지 않기를 바라는 마음 간절하다.

불법으로 성행하는 도박 시장의 규모가 어마어마하고 그 돈은 지하 경제의 큰 축으로서 조직 폭력배들에게 유입되어 새로운 사이트 개설을 위한 자금이나 기타 불법적인 범죄에 이용되고 있다.

'한국도박문제관리센터'가 '한국도박문제예방치유원'으로 명칭이 변경되었다. (과거 명칭은 한국도박문제관리센터였다. 사행산업통합감독위원회 법 일부개정법률(제18773호)에 따라 2022년 7월 19일 '한국도박문제예방치유원'으로 명칭이 변경되었다.)

그러나 실제적인 청소년 구제와 예방에는 매우 미흡한 것이 현실이며 지금까지 접수된 통계도 빙산의 일각일 가능성이 매우 크다.

청소년의 도박 중독에 관한 조사 및 연구, 도박 상담, 예방사업 및 중독자 치유·재활 사업이 정부 차원에서 강력하게 요구되고 있으나 청소년 도박 중독 실태 조사도 수박 겉핥기식으로 부실하고, 청소년 전담 도박 중독 상담가도 몹시 부족하다. '청소년도박중독치료소'의 확충이 강력하게 요구된다.

학교보건법 일부 개정으로 2022년 6월 29일부터 학교에서 도박 중독 예방 교육이 의무화되었으나, 2020년부터 학교마다 1년에 1시간 정도 집합교육 형식으로 도박 예방 교육을 실시하는 선에 그치는 등 사실상 유명무실한 형편이다. 학생, 교사들은 이구동성으로 도박 예방 교육에 실효성이 없음을 지적하고 있다. 대부분 학생들이 도박 예방 교육에 집중하지도 않고, 심지어 교육 시간에도 도박 게임을 하는 학생들이 많다.

전국 시·도 도박문제예방치유센터가 15곳 있지만 청소년 도박은 성인 도박과 완전히 다르다는 것을 인지해야 한다. 따라서 청소년도박중독치유센터는 성인과 분리하여 상담, 치료해야 한다.

도박 중독을 스스로 이겨낸 한 청년의 이야기를 보도록 하자.

□ 다음에 소개하는 사례는 온라인 도박을 고등학교 때 잠시
접했다, 군대를 다녀온 후 시간 여유를 틈타 도박 중독에 빠
진 20대 대학생 남성 A의 사례다. A는 내가 청소년 도박 문
제에 고민하는 것을 보고 조금이나마 자신의 도박 중독 극
복 사례가 도움이 될까 알려 왔다(전화 통화 및 이메일). A는
현재 도박 중독을 극복하고 사범대학에 재학 중이며, 교사
가 되어 학생들이 이런 위험에 빠지는 것에 도움을 주겠다
는 의지를 나에게 전했다. 청년의 도박 중독 극복은 도박 중
독 해결에 실제적인 도움이 되리라 생각한다.

▷ 21년 8월경 도박 중독을 극복한 20대 남성 A로부터 청소
년 도박 중독 문제 해결에 대해 도움이 되는 조언을 받았
다. A는 도박 중독자에서 지금은 완전히 벗어나 새로운 진
로를 찾아 매진하고 있는 청년이다. 도박 중독을 어떤 방
법으로 끊어낼 수 있었는지 생생한 경험담을 들려주었다.
실제로 A는 주위에 도박에 빠진 지인들을 이런 방법으로
끊게 했다고 한다.

▷ A 역시 도박 주무 기관이나 기관에서 운영하는 도박중독
상담소는 도움이 전혀 안 된다는 데 동의한다고 했다. A의

경험도 그랬다고 한다. A가 본격적으로 도박 중독자가 된 시기는 군대 제대 후 도박에 빠져 몇 년간을 중독된 채로 살았다. 처음에는 포커로 시작하여, 섰다, 파워볼, 사다리, 경주마 그리고 토토… 온갖 종목을 다 했다.

당연히 빚도 수백만 원이 되었다. 어느 날 A는 자신이 도박에 정신적으로도 완전히 중독임을 깨닫고 이래선 안 되겠다 싶어 정신과 치료를 받았다. 그러나 소용없었다. 결국 부모님에게 자신이 도박 중독자임을 고백했다. A는 도박 중독을 이겨내는 **첫 번째는 부모에게 털어놓는 일, 그리고 도움을 구하는 용기,** 이것이 먼저라고 한다.

가장 중요한 것 한 가지가 있다. 도박 중독자임을 고백하면 열에 열 명은 "하지 말라!"고 하는데 이것은 역효과를 불러온다. 인간은 하지 말라 하면 더 하게 되는 금단현상이 더 극심해지기 때문이라고 한다. A 역시 엄청난 금단현상에 시달렸다고 한다. 도박을 하지 말라 하면 돈을 땄을 때 그 쾌락이 너무나 크기 때문에 잊을 수가 없는 데다 돈을 잃어도 다시 딸 수 있다는 '분노 베팅'을 하게 된다는 것이다.

A는 도박 중독을 이겨낸 후 중요한 솔루션 포인트는 다음과 같다.

▷ 의지와 행위를 구분하기

의지는 있어도 습관성은 극복하기 어렵기 때문에 구분해야 한다. 의지로 도박 중독을 극복하려 해도 행위를 금지하면 말 그대로 미쳐 버린다. 끔찍한 금단현상을 겪는다. 그래서 아주 조금 쾌락은 열어두되, 행위는 조금만 하는 방식이 필요하다. 즉 단계적으로, 예를 들어 만 원만 하자. 그러면 십만 원, 백만 원 베팅보다 낫다. 최소 베팅을 하는 것이다. 그리고 기간을 서서히 늘려 간다. 최소 베팅으로 일주일에 한 번, 한 달에 한 번하기… 이런 식이다. 그리고 베팅해서 잃은 돈으로 자신을 위한 다른 것을 할 수 있다는 상상(갖고 싶은 물건 사기, 치킨 사 먹기 등등)을 하는 것이다.

▷ 어느새 단도박에 성공한 자신을 발견한 A, 도박에 빠진 친구들을 구하다

A는 이런 방식으로 7~8개월을 하게 되면 어느 순간 만 원도 도박하지 않게 된다고 한다. 도박 중독에서 벗어난 A는 거듭 강조했다. "의지와 행위의 중독은 구분 지어야 한다."

단도박에 성공한 A는 자신의 경험을 바탕으로 친구들도 함께 끊었다고 한다. 자신의 경험이 청소년에게 도움이 되길

간절히 바란다고 말한다. 도박 중독을 극복하는 방법은 한 가지만 있지 않고, 각자 자신에게 적합한 해결책을 찾는 것이 중요함을 A의 사례를 통해 알 수 있다.

청소년들에게 불법 도박은 개인의 자유로운 행위가 아니라 재산을 탕진하고 자신은 물론 가족 전체에 피해를 주는 행위임을 명확히 인식시켜야 한다. 또한 도박 자금 마련을 위해 돈을 빌리고 갚지 않는다면 채권자에게도 피해를 준다. 도박 중독에 빠져 생산적인 활동을 하지 않는 것 또한 사회에 해를 입히는 행위임을 인식해야 한다.

이렇게 스스로의 의지로 단도박을 성공해낸 청년도 있지만 대부분은 그 수렁에서 벗어나고 있지 못하다. 점점 깊은 수렁으로 빠질 뿐이다.

최근에 '바텀 알바'라는 신종 성매매가 기세를 떨치고 있다. 10대 남성 청소년들이 동성애자들에게 2, 3만 원을 받고 자신의 성을 파는 행위가 그것이다. 도박 자금을 마련하기 위해, 도박 빚을 갚기 위해 남자 청소년들까지 성매매에 동참하는 것이다. 이들은 정신적 충격과 온갖 성병에 고통스러워하면서도 도박의 수렁에서 벗어나지 못해 이런 끔찍한 일까지 하는 것이다.

또한 최근 급증하고 있는 마약 문제까지 청소년 도박 문제와 깊은 관련을 맺고 있다. 도박판에서 빠져나가는 것을 막기 위해 상품으로 마약을 지급한다거나 일부러 마약 중독에 빠뜨려 그것을 빌미로 갈취를 하고, 성 착취 청소년들에게 마약을 제공하여 마약을 얻기 위해 성매매를 하게끔 유도하고 있다. 청소년들이 마약을 얻기란 이제 과자를 사는 것만큼 쉬워졌으며 그것을 청소년 불법 도박에 연관 지어 아예 도박과 마약의 노예로 만들어 버리는 것이다.

청소년들이 이렇게 병들어 가고 있는데 정부는 무엇을 하고 있으며 교육 관련 당국과 학교, 교사들은 무엇을 하고 있는가?

이것은 한때의 유행이나 흐름도 아니고 명백한 사회적 문제이자 망국의 지름길로 가고 있는 심각한 현상이다.

온 사회가 이 악의 고리를 끊기 위해 전심전력으로 마음을 모을 때이다. 불법 도박은 그 자체로도 나쁘지만 그로부터 파생되는 온갖 범죄들이 우리 청소년들을 파멸의 길로 이끌고 있으며 거기에 투입된 돈이 새로운 범죄에 악용되는 등 악의 순환이 계속되고 있는 현실이다.

지금이라도 늦지 않았다. 아이들을 이 수렁에서 건져내야 한다. 지금 한국은 서서히 침몰하는 배가 아니라 빠르게, 아주 빠르게 침몰하고 있는 배다. 청소년들을, 대한민국을 어서 빨리 구해야만 한다.

현직 교사들이 현장에서 체험한
청소년 도박, 성매매, 마약

사례 1

우리 아들이 성병에?
: 충격적인 남성 청소년들의 바텀 알바 실태

ㄱ시 ㄱ교사

그냥 평범한 아이였다. 크게 두드러진다거나 처지지도 않고 그렇다고 무슨 문제를 일으키는 것도 아니었다. 조금은 내성적이었지만 온순하고 교우 관계도 나쁘지 않은 그런 학생이었다.

그런데 어느 날부터인가 조금씩 무기력한 모습을 보이고 수업 시간에 자주 졸기도 하며 안색도 굉장히 안 좋아 보였다.

상담실로 불러 이것저것 물어 보고 부모님과 상담을 해보아도 특이점을 찾을 수가 없었다. 관심을 가지고 지도를 하면 이내 예전의 모습으로 돌아가는 등 청소년기에 흔히 찾아오는 사춘기의 한 과정인 줄로만 알았다. 그런 그 아이가 그토록 상처받고 곪아 있을 줄은 꿈에도 알 수 없었다.

그렇게 얼마간의 시간이 흐르고 갑자기 아이의 어머니에게서 다급한 전화가 왔다. 아이가 큰 성병에 걸렸다는 것이었다.

누구나 청소년기에는 어느 정도에 성적 호기심이야 있기 마련이고 평소 학교에서 크게 문제가 없던 아이인데 심각한 성병이라니 망치로 크게 머리를 맞은 기분이었다.

불법 스포츠 도박에 빠져서 돈을 잃고 이런저런 구실로 부모님께 돈을 타내다가 그마저도 안 돼서 사채를 쓰고 그렇게도 해결이 안 되니 동성애자들을 대상으로 바텀 알바를 한 것이었다.

동성애자들이 사용하는 어플을 설치하여 매칭이 되면 허름한 건물의 화장실이나 성매수자들의 집에서 관계를 가져왔고 성병까지 걸린 것이다.

자신의 의지나 존엄성과 상관없이 그렇게 무참하게 대우받으면서도 바텀 알바를 하면서 받는 돈은 고작 몇만 원이 전부였다. 그럼에도 또 도박을 하기 위해, 도박 빚의 이자를 갚기 위해 그 돈이라도 벌어야 했던 것이다. 청소년의 신분으로 아르바이트 자리도 구하기가 쉽지 않고 부모님 눈치도 보였기에 나름대로 손쉬운 일거리를 찾은 것이 바로 바텀 알바였다.

SNS의 채팅 창에는 온갖 성적인 더러운 말들과 사진, 여러 가지 흥정들, 피해자의 신상 정보를 통한 협박까지 상상조차 할 수 없을 정도의 내용들이 난무하고 있었다.

이제야 그 아이가 왜 갑자기 그런 행동들을 보였는지 조금씩 이해가 갔다. 밤늦게까지 스포츠를 시청하거나 도박을 하고 또래의 사채 빚에 시달리면서 중독과 우울감에 빠져 있다가 들키기 싫어서 억지로 연기를 한 것이다.

결국 그 아이는 정신과 치료와 성병 치료를 병행하며 극심한 대인기피에 빠져 있다가 홀연히 전학을 가고 말았다.

좀 더 그 아이를 다그쳐볼걸, 좀 더 관심을 가져볼걸 하는 죄책감에 한동안 그 어떤 일도 손에 잡히지 않았다.

불법 스포츠 도박의 세계도 바텀 알바의 실체도 너무나 생소하였지만 그 악랄함에 치가 떨렸다.

음란물이나 기프티콘, 포인트 등으로 아이들을 유인해서 도박에 빠지게 하고 스포츠뿐만 아니라 바둑이, 포커, 홀덤 같은 성인들이나 즐길 법한 도박까지 다양한 방법과 요소로 나락에 빠뜨리는 것이었다. 처음에는 호기심으로 시작했던 도박이 그야말로 아이의 인생을 망쳐버리고 말았다.

바텀 알바 같은 성매매도 사회의 암적인 존재였다. 주로 남자 어린이나 청소년을 상대로 그런 끔찍한 짓을 벌이고 있었는데 아무것도 모르는 초등학생들까지 매칭에 참여하는 것을 보고 경악을 금할 수 없었다.

아이들이 좋아할 만한 것들이나 돈으로 유혹하고 협박해서 성노예로 만들고, 경우에 따라서는 그 아이처럼 끔찍한 성병에도 걸리는 것이다.

나름대로는 아이들과 격의 없이 지내고 트렌드에 민감한 교사라고 생각했었는데 철저한 오산이었다. 나는 너무나도 무지했고 너무나도 무가치한 교사였던 것이다. 그런 것들이 있는 줄도 몰랐고 그렇게 끔찍한지도 몰랐다. 그리고 나의 아이가 거기에 처참히 상처받고 있는지도 몰랐다. 정말 당장이라도 교직을 그만두고 싶은 심정이었다.

이제는 우리 모두가 나서야 한다. 인터넷이나 스마트폰이 우리의 삶을 정말 많이 변화시켰지만 그 해악도 너무 크다. 아이들이 끔찍하게 병들고 있다. 정부, 학교, 교사 등 모두가 나서서 아이들을 구해야 한다.

불법 도박 사이트들을 단속하여 엄벌에 처하고 성매매를 유도하는 여러 어플리케이션들도 집중적으로 단속, 모니터링 해야 한다.

그런 악한 것들과는 아무 관련이 없는 지극히 평범한 아이마

저도 지옥 같은 나락으로 떨어지게 만드는 것을 보며 과연 이 사회는 어느 방향으로 나아가게 될지 이 사회를 위해서 우리가 무엇을 해야 하는지 전 국민적인 관심과 노력이 필요하다고 느껴졌다.

사례 2

극악무도한 청소년 성매매 : 청소년 포주의 성 착취

ㄴ시 ㄴ교사

누군가의 영혼이 무참하게 짓밟힌다는 것은 참으로 안타깝고도 끔찍한 일이다. 그것을 알게 된 순간, 이미 너무나도 돌이킬 수 없이 큰 상처를 입고 만 순간 옆에서 아무것도 해줄 수 없다는 것이 너무나도 슬프고도 참담했다. 나 자신이 너무나도 보잘것없어 보였다.

많이 내성적이고 사교적인 성향이 적은 아이였다. 늘 조용했고 주변에 어울리는 친구도 많지 않았다. 학급 일에 크게 불만을 가진다거나 어떤 사건을 만들기보다는 늘 협조적이고 순종적인 아이였다.

그냥 평범한 여중생에 불과했던, 내성적이긴 했지만 크게 유별날 것 없었던 그 아이가 실은 또래들의 성폭행, 가혹 행위 등으로 성인들을 대상으로 한 성매매에 성노예로 이용당할 줄은 그 누구도 예상하지 못했다.

사건의 전말은 이러했다.

지극히 내성적이었던 이 아이가 학교의 일진 무리들 눈에 띄게 되었고 신고할 위험이 적다고 판단되자 감금 후 나체 사진을 찍어 협박한 것이다. 신고하면 학교에 다 알리겠다, 전학을 가더라도 끝까지 추적해서 괴롭힐 것이다 등 청소년으로서는 입에 담지도 못할 온갖 말들로 위협을 가했다. 이들의 마수에 걸리게 된 이 아이는 일진들의 지시대로 성인들의 성매매 수단으로 쓰였고 성매매 과정에서 2차, 3차 성폭행까지 당하고 말았다. 화대는 고스란히 일진들의 수중에 넘어가 그들의 유흥비나 불법 도박 자금으로 쓰였다. 청소년들이 한 짓이라고는 상상도 못 할 이런 만행들이 실제로 벌어지고 있는 것이다.

도저히 못 견딘 그 아이는 자살을 시도하게 되었고 자살이 미수에 그치면서 그동안의 끔찍했던 일들이 낱낱이 알려지게 되었다.

그 수법의 치밀함과 악독함도 경악스러웠지만 그렇게 성노예로 착취당한 돈들이 불법 도박의 자금으로 쓰였다는 사실도 놀라웠다. 청소년 도박의 문제에 대해 약간의 지식은 있었지만 도박을 즐기기 위해 이 정도의 끔찍한 방법까지 서슴없이 저지를 줄은 상상조차 하지 못하고 있었다.

도박 중독이라는 것이 한 어린 영혼을 처참하게 파괴하고도 아무 죄책감을 느끼지 못할 정도로 대단한 것이란 말인가.

그 일진들은 이러한 청소년 포주의 행태뿐만 아니라 고리의 사채를 빌려주는 행위도 하고 있었음이 드러났다.

우연히 불법 도박에 빠진 여학생들에게 고리의 사채를 빌려주고 그것을 갚지 못하면 그들의 성적 욕구를 해소하는 대상으로 사용했다. 상습적인 성폭행뿐만 아니라 인근의 질이 아주 나쁜 선배들에게 잘 보이기 위하여 대리로 성 상납까지 시켰던 것이다.

학교의 여러 영혼들을 처참히 파괴하고도 그들은 소년범으로 취급돼 죄질보다 훨씬 가벼운 처벌을 받게 되었고 희생당한 학생들은 얼마 후 아무런 기척도 남기지 않고 타 지역으로 전학을 가버렸다.

청소년 불법 도박도 참으로 문제이거니와 이것으로 인해 파생되는 2차, 3차의 악질적인 범죄들도 크나큰 문제가 아닐 수 없다.

최근 논의되고 있는 촉법 소년 연령의 하향 논의와 더불어 소년범의 잔혹한 범죄에 대해서는 엄중한 처벌을 내리는 것이 더 이상의 피해자를 막는 하나의 방법이 될 것 같다.

지금 아이들은 여러 가지로 심각하게 병들어 있다. 선정적인 UCC 채널, 게임 중독, 도박 중독 등 나쁜 것들이 너무나도 도처에 널려있다.

청소년들의 중독은 성인들의 중독과는 양상이나 심각성이 또 다른 만큼 심도 있는 논의와 관심이 요구된다고 하겠다.

그 일을 겪고 나서는 모든 아이들이 피해자로 보이기도 하였고 가해자 혹은 잠재적인 가해자로 보였다. 정상적인 교육 활동이 힘들 정도였다. 그 누구도 믿을 수 없게 된 것이다.

나름대로는 학생들을 아끼며 보람된 교직 생활을 하고 있다고 생각했었는데 나는 아무도 구할 수 없었고 아무도 바른 길로 인도하지 못했다. 그 자괴감은 죽는 그 순간까지 나를 짓누를 것 같다.

사행성 게임을 위해 초등학생이 성매매를?

ㄷ시 ㄷ교사

가끔씩 들려오는 초등학생들의 임신 소식을 접하면서 도대체 일이 왜 이렇게 꼬여 버렸을까 경악을 금치 못한 적이 많았다.

대부분이 성폭행 등에 의한 성적 착취로 인한 것이지만 내 경우에는 그런 것이 아니라 자발적인 성매매에 의한 것이어서 더욱 충격적이었다.

요즘은 성관계를 경험하는 나이가 예전에 비해 훨씬 어려졌다. 초등학생들 중에서도 성관계를 경험해 본 학생의 숫자가 급증하였다.

그 아이는 초등학교 4학년 때 벌써 성관계를 경험하였다. 질이 안 좋은 고학년들, 중학생들과 어울리면서 이런 것을 경험해야 잘나가는 거다, 어른이 될 수 있다고 꼬여 처음으로 경험하게 된 것이다.

아직까지 임신의 문제가 없던 나이에 성관계를 시작한 터라 주변 고학년들이나 중학생들이 그 여학생에게 성관계를 요구하는 횟수가 늘어났다.

그 아이는 그것을 이용하여 급기야 평소 즐겨하는 게임의 가챠(유닛 뽑기의 일종으로 좋은 유닛을 뽑기 위해서는 많은 과금을 해야 함)를 위해 게임 기프트 카드를 대가로 성매매를 하게 된 것이다.

일정 액수가 충전된 기프트 카드를 받고 성매매를 한 뒤 그 돈을 고스란히 게임의 가챠(유닛 뽑기)에 탕진하였다.

성에 대한 올바른 지식 없이 그렇게 꽤 오랜 시간을 성매매에 매진하던 중 6학년이 되어 결국 임신을 하게 된 것이다.

처음에는 상대 중학생이 성폭행으로 조사를 받게 되었지만 조사가 진행될수록 이 아이의 행적이 드러나 사건은 전혀 다른 양상을 맞이하게 되었다.

자신의 게임 비용과 용돈을 대기 위해 오히려 이 아이가 먼저 상대방들에게 성매매를 제안하고 그 대가를 취한 것이었다.

초등학교 4학년 여학생이 6학년이 되는 동안 저질렀다고 보기에는 너무나도 대담했고 성관계가 일어나는 장소나 방법도 성인과 다를 바 없는, 그야말로 경악하지 않을 수 없는 수준이었다.

이혼 가정에서 자라면서 항상 일을 나가는 아버지의 눈을 피해 이런 일을 저지르고 있었다니 가족들과 학교 관계자 모두 충격에 빠져 뭐라 말을 할 수가 없었다.

최근 한 부모 가정이 급증하여 어린 시절부터 제대로 된 관리를 받지 못하는 학생들이 아주 많이 늘어났다. 이 학생들은 주로 UCC 채널을 보며 시간을 허비하거나 게임을 하면서 하루를 보낸다. 그러다 보니 제대로 된 교우 관계를 맺기도 쉽지 않고 오직 사이버 세상만이 자신에게 실제 하는 세상이 되어 버린다.

이 학생도 방과 후엔 거의 하루 종일 게임을 했고 그 게임이 일종의 도박 성향을 가진 가챠 게임이라서 더욱 성매매에 몰두한 것 같다.

소외된 학생들에 대한 집중적인 관리뿐만이 아니라 게임 중독, 인터넷 중독에 대한 치료도 절실히 요구된다고 하겠다.

가챠 게임 역시 일종의 도박이다. 룰렛이랑 다를 바가 무엇이 있겠는가?

가챠 게임에 대한 관리 역시 제도적으로 고안되어야 한다고 생각한다. 확률이 낮은 스페셜 등급의 유닛을 뽑지 않으면 게임 진행이 힘들도록 난이도를 구성하여 어쩔 수 없이 뽑게 만드는, 꼭 가지고 싶게 만드는 방식에 대해 유닛의 뽑기 확률을 상시 공지하고 과도한 과금은 삶을 망칠 수 있다는 것을 공지하는 것 등이다.

아무리 세상이 급격하게 변한다고 하지만 실제로는 우리가 쫓아갈 수 없는 속도로 변하고 있으며 교사들, 어른들이 자신들의 아이를 아주 잘 파악하고 있다고 생각하지만 아이들은 기상천외하고 다양한 방법을 동원해 어른들을 속이고 있다.

그런 상황에서 우리가 어른으로서 아이들을 위해 할 수 있는 일들은 무엇인가?

이 사건을 겪기 전에는 불필요한 규제가 국가 성장에 지장이 된다고 생각하는 입장이었다. 그러나 나라의 장래를 이끌어 가야 할 아이들의 삶이 병드는 것과 관계된 일이라면 국가가 적극적으로 규제하고 많은 사람들이 지속적으로 관심을 가져서 아이들의 일탈을 막아야 한다고 생각이 바뀌었다.

세대란 이어지는 것이고 물려지는 것이다. 그 중간에 정확한 구분을 하기가 매우 힘들다. 이제는 세대가 이어지는 과정에서 문화나 삶의 방식이 변하는 속도가 너무나도 빠르다. 우리 어른들이 어렸을 때를 생각하면 안 된다. 어른들일수록 새로운 문화에 거부감이 없어야 하고 먼저 받아들여야 한다. 그렇지 않으면 내가 겪은 이런 비극적인 사건이 전국적으로 비일비재해지지 않으리란 보장이 전혀 없다.

점점 배가 불러가다가 홀연히 학교를 떠난 그 아이가 떠오르면서 큰 죄책감과 같이 어른으로서의, 앞 세대로서의 책임에 대해 생각해 본다.

사례 4

가출팸을 아시나요?

: 성매매, 마약 중독으로 이어지는 가출팸의 심각성

ㄹ시 ㄹ교사

 자퇴나 가출 등으로 인한 학교 밖 아이들의 삶이나 현실에 대해서 진지하게 고민해 본 적이 있었나, 큰 자괴감이 드는 사건이었다. 거의 대부분의 사고들이 무관심이나 안일함에서 발생하듯이 나 역시도 그런 것 같아 참담함을 금할 수 없다.

 그 아이는 한 부모 가정에서 자라고 있는 여고생이었고 아버지는 집의 빚을 갚느라 일 때문에 집에 거의 들어오시지 않았다. 빨래나 집안일 등 모든 가사를 이 아이가 도맡아 하고 있었고 방과 후에는 아르바이트도 병행하고 있었다.

 어느 날부터 학교에 지각하는 횟수가 잦아지더니 아예 학교를 나오지 않았다. 완전히 연락이 두절된 상태였기에 즉시 가정 방문을 실시하였지만 문은 굳게 닫혀있었고 그 아이의 아버지조차도 연락이 되지 않았다. 즉시 사안을 학교와 경찰에 보고하고 아이의 행방을 수소문하였으나 도무지 알 수 있는 방법이 없었다.

그렇게 시간이 흘러 모두의 기억에서 잊힐 때쯤 경찰에서 연락이 왔다. 아이를 데리고 있으니 학교에서 데려가라는 것이었다.

우리 지역에서 아주 먼 타지의 경찰서에 그 아이를 찾으러 가는 동안 여러 가지 생각이 들었다. 어떻게 지내고 있었던 걸까, 별일은 없었을까 이런저런 생각을 하며 도착한 곳에서 만난 그 아이의 모습은 참담하기 그지없었다.

안 그래도 말라있던 아이가 완전히 피골이 상접한 채로 겨우 몸을 기대고 있었고 눈 주위는 거뭇거뭇하며 눈동자는 거의 풀려 있었다. 뭔가 마약과 관련되었을 것이라는 직감이 뇌리를 스쳤다.

담당 경관이 들려준 그동안의 이야기는 너무 충격적이어서 이런 일이 대한민국에서 버젓이 현실로 일어나고 있는 것인지, 어떻게 이런 식으로 아이들이 착취당하고 있는지 어안이 벙벙하고 그저 참담할 뿐이었다.

생활고와 외로움을 견디지 못한 그 아이는 가출을 하게 되었고 돈이 떨어지자 가출팸(가출한 청소년들의 패밀리, 모임)이라는 곳에 가입하였다. 자기같이 가출한 아이들이 모여 이런저런 일을 제공하면 숙식을 제공하고 어느 정도의 돈까지 준다기에 선뜻 그렇게나 먼 그 도시에 도착한 것이다.

그러나 그곳은 그런 소외받은 자들의 따뜻한 공동체가 아니었다. 그렇게 가출한 학생들, 특히 여학생들을 유인하여 성매매의 수단으로 쓰거나 유흥업소 접대부 등으로 팔아넘기는 브로커의 꾐이었던 것이다.

숙소에 짐을 풀기가 무섭게 그 아이는 성폭행과 감금을 당했고 흉기로 협박을 당했다. 불과 하루이틀이 지나지 않아 성매매에 동원되었고 화대는 브로커들이 모두 갈취해 갔다. 성매매 과정에서 2차 성폭행을 겪기도 하는 등 그야말로 지옥 그 자체였다. 그러나 거기서 끝나지 않았다. 낮이나 저녁때는 성매매에 동원되고 밤과 새벽에는 브로커들이 운영하는 유흥업소에서 접객 행위와 2차 성매매를 하였다. 밥을 제대로 먹을 수 없었고 잠도 제대로 잘 수 없이 성노예로 착취당하는 과정에서 그들은 더욱 잔혹한 짓을 벌였다. 피로감을 줄이고 아예 그들을 완벽한 노예로 만들기 위해 마약까지 투여한 것이다. 마약을 투여한 상태에서 몸이 완전히 망가지는 것도 모른 채 낮에는 성매매, 밤에는 유흥업소 접객행위를 하며, 고통스러워서 벗어나고 싶어지더라도 그렇게 하면 마약을 받지 못하니까 마약을 제공받기 위해 더욱 충실히 그들의 착취에 응했다.

경찰에게 발견되었을 때는 숙소에서 마약에 절어있는 채였고 그곳에는 상상하기 힘든 변태적인 성인기구도 같이 나왔다고 한다. 경찰의 말을 들어보니 그렇게 극한의 과로와 마약 투여로 죽은 아이도 꽤 있는 것 같고 그 시체는 야산에 암매장한 것으로 보인다고 했다.

내가 속한 지역에 있는 쉼터에 아이를 맡기고 여러 가지 치료를 병행했지만 아이는 점점 더 야위고 병들어 갔다. 결국 얼마 지나지 않아 그 아이는 모진 세상에서 영원히 해방될 수 있었다.

가출 청소년들이 직접적으로 범죄에 가담하거나 범죄에 이용되는 것은 비단 어제 오늘의 일이 아니다. 하지만 인터넷과 SNS의 발달로 그 일탈의 창구가 훨씬 다양하고 넓어졌으며 그로 인해 파생되는 여러 가지 사회 문제들도 그 빈도나 심각성이 현격히 심각해졌다.

교사도 한 사람의 직장인이고 가정이 있을 수가 있으며 모든 학생들을 일일이 다 챙길 수는 없다. 부모들도 나빠진 경제 사정으로 인해 가정에 온 정성을 쏟기가 힘든 실정이다.

극악한 범죄들이 버젓이 일어나고 있는데, 이러한 사회적인 상황과 분위기에서 우리 어른들은 어떻게 아이들을 품어줄 수 있을까?

올해도 그 아이의 사진 앞에 꽃을 한 송이 얹어두며 많은 눈물을 흘렸다. 막을 수는 없었을까? 나는 뭐 하는 사람이었을까?

이것 역시 빙산의 일각에 불과하다는 사실이 너무나 화가 나고 무력감이 들게 만든다.

마약이 감기약보다 구하기 쉽습니다!!
: 일상까지 뻗어오는 마약의 심각성

ㅁ시 ㅁ교사

미국이나 여러 서방 국가에서 학생들이 수업 중간에 나가 마약을 투여하거나 마약을 투여한 채로 총기 난사 사건을 벌여 많은 인명이 죽는 뉴스들을 종종 접했다.

저렇게 치안이 안 좋은 나라도 있었구나 싶었고 청소년들이 그렇게 쉽게 마약을 구한다는 사실이 아주 놀랍게 느껴졌다.

우리나라는 마약 청정국이고 그나마 마약을 한다고 해봤자 일부 중독자들이나 조직 폭력배들이 즐기는 아주 희귀한 것으로 생각했다.

봄이 다가온 1학기 중간고사 시험 도중의 일이었다. 평소 모범적이고 성적도 우수한 편인 학생이 시험을 치던 도중 갑자기 쓰러져 발작, 거품, 눈이 돌아가는 증세를 보이며 그야말로 난리가 났다.

학생을 구급차에 옮기고 어떻게 시험을 마무리한 뒤 학생의 소식이 들려오자 온 교무실은 패닉 상태에 빠졌다.

학생이 마약류, 그중에서도 모르핀 중독 증세로 쓰러졌다는 것이었기 때문이다.

시험 기간에 대한 압박과 스트레스로 잠을 자지 않고 공부하기 위해 각성제 대용으로 모르핀을 투여해왔던 것이다.

학생이 안정을 취하고 구입 동기와 경로 등에 대해서 학생부의 조사가 시작되었다. 학생과의 면담에서 얻은 여러 가지 사실들은 그야말로 충격 그 자체였다.

번화가나 굳이 번화가가 아니더라도 지하상가에 마약류를 전문적으로 파는 상점들이 있고 학생들 개인 간에도 거래가 이루어진다는 것이었다.

그 학생이 모르핀을 구입했다는 가게로 가 보았다. 평범한 잡화점과 다를 바 없어 보이는 그 가게에 약을 구한다고 하자 한두 종류가 아니라 언론에서 들어봤음 직한 마약은 모두 언급이 되었다. 나 말고도 마약을 사러 온 사람들이 몇 명 더 있었다. 학생부터 20대 30대까지 연령층도 다양했다. 약을 구경하는 척하다가 마음에 드는 것이 없다고 한 뒤 가게를 나와 바로 경찰에 신고하였다.

최근 몇 년 사이 한국에 유통되는 마약류의 양이 5배 이상 폭증하고 영유아 명의로 펜타닐이 대량 처방되어 경찰의 수사가 시작되었다는 신문 기사가 비로소 가슴에 확 닿았다.

대학 동기가 일하는 학교에서 학생이 펜타닐에 취한 채 등교해 난동을 부렸다는 이야기를 듣고 거기는 학군이 좋지 않아 그렇겠거니 하고 넘어간 지가 몇 달이 된 것 같았는데 이제는 정말 청소년들도 손쉽게 마약을 구할 수 있을 정도로 사회 전체에 만연해 있구나 하는 생각이 들었다.

마약이 사회 전체에 만연해 있고, 학생들이 마약을 소지하고 학교에 등교해 난동을 부려도 이를 제지할 아무런 방법이 없다는 것이 너무나 안타까웠다.

학생들의 소지품을 함부로 검사할 수 없고 학생들을 제지하다가 단순히 멍만 들어도 학대 혐의로 잡혀가는 세상에서 나머지 학생들과 교사의 안전은 누가 책임질지 큰 걱정이 되었다.

조직 폭력배, 유흥업소 등 일부 음성적인 곳에서만 유통될 줄 알았던 마약이 이제는 누구나 손쉽게 구할 수 있고 언제 어디서나 사용이 가능하다는 사실은 크나큰 사회적 문제가 아닐 수 없다.

마약은 중독 증세로 인해 일상생활이 불가능한 것을 넘어 일정량 이상이 투여되면 그야말로 목숨을 잃는 악마의 씨앗이다. 괜히 청나라나 현대 중국이 마약 사범만큼은 사형 등의 엄벌에 처하겠는가.

얼마 전에도 펜타닐 중독으로 무명의 연예인이 운명을 달리

했다. 학교 안 청소년들에게도 널리 퍼진 마약이 학교 밖의 아이들에게는 또 어떻게 퍼졌을지, 그렇게 시름시름 앓아가다가 죽어버리면 그 슬픔과 억울함은 누가 풀어줄지 참담하기 그지없었다.

마약 문제 자체가 기본적으로 사회의 큰 문제가 된 상황에서 청소년 마약 문제는 더욱 그 심각성이 강조된다. 아직 판단력이 미비하고 신체적으로도 덜 성숙한 어린 학생들이 마약을 한다는 점, 그렇게 성인이 되어 또 마약을 하고 그것을 주변에 전파한다는 점은 저 출산만큼이나 나라의 근간을 흔들어버릴 큰 문제이다.

어린이와 청소년들을 흔히 나라의 미래라고 말한다. 지금 우리나라의 미래들은 조금씩 마약에 물들어가고 있다.

미국의 어떤 주는 주 전체가 마약 중독자들로 넘쳐나서 주의 기능이 사실상 마비될 정도로 심각한 수준이다. 우리나라도 그렇게 되지 말라는 보장이 없다. 아니, 어쩌면 이미 그렇게 진행되어 가고 있을지도 모른다.

어른들이 나서서 이것을 막아야 한다. 이대로 가다간 이 나라의 미래는 오로지 절망뿐이다.

불법 도박을 넘어 코인과 주식까지
: 가정의 파탄을 불러오는 불법 도박 중독

ㅂ시 ㅂ교사

초임 발령을 받은 후 얼마 지나지 않아 국방의 의무를 다하기 위해 입대를 하게 되었다. 사회에 있을 때 교사였어서 그런지 보직은 조교 계통으로 배정받았다.

열심히 국방의 의무를 다하는 대한의 건아들과 부대끼며 군 생활을 하던 중 신병 몇이 유독 적응을 못 하고, 훈련 도중 졸음 등으로 집중하지 못하여 큰 사고를 낼 뻔하는 일이 발생했다.

강력한 주의 조치를 취하고 유독 관심을 가지며 지켜보던 중 그 병사들의 공통점을 하나 발견할 수 있었다.

휴대폰 사용 시간에 다른 병사들보다 유독 휴대폰에 집착하여 화장실 가는 것도 잊을 만큼 심각하게 몰두한다는 사실이었다.

그 병사들과 같은 내무실을 쓰는 선후임들을 각각 불러 그 병사들에게 어떤 특이할 만한 사항이 있는지 면담했다.

모두 불법 스포츠 도박에 심취해 있었다는 것이었다. 심지어 어느 한 병사는 불법 도박으로도 모자라 가상 화폐 코인까지 하고 있었다. 베팅의 결과, 투자 종목의 등락에 정신이 팔려 훈련을 소홀히 하고 사고까지 낼 뻔했던 것이다. 중·고등학교 때부터 해 온 불법 스포츠 도박을 성인이 되어서도 끊지 못하고 심지어 군대에까지 와서 즐기고 있었다.

사태의 심각성을 인지하고 상부에 보고하여 그 병사들을 따로 훈육했지만 사실 그들이 마음만 먹으면 얼마든지 다시 할 수도 있는 노릇이었고 24시간 매일 그들만 감시할 수도 없었다.

그러던 어느 날 그 병사들 중 한 명이 사라지는 사고가 발생했다. 부대가 난리가 나 모든 장병이 그 병사를 찾기 위해 주변을 이 잡듯이 뒤졌다. 그러다가 산 속 구석의 큰 나무에서 목을 매달려고 하는 그 병사를 찾을 수 있었다.

자초지종은 이랬다. 상부의 강력한 경고에도 도박과 가상 화폐 투자를 멈추지 않고 일삼다가 불법 도박으로 잃을 수 있는 돈과는 비교도 안 되는 막대한 금액을 투자로 잃은 것이었다. 그리 넉넉하지 않았던 집안 형편에 무슨 일이 있어서 나름 큰 금액이 통장에 입금된 것을 확인하고는 그것을 바로 가상 화폐 투자에 부어버린 것이다. 큰돈을 잃은 죄책감과 허탈함에 그 병사는 극단적인 선택을 시도했고 다행히도 최악의 상황은 면할 수 있었다.

학교에서 근무하던 때에도 요즘 아이들이 불법 스포츠 도박에 많이 빠져 있다는 이야기를 듣기는 했지만 군대에까지 와서, 불법 도박으로는 욕구가 충족이 안 돼서 비슷한 맥락의 가상 화폐 투자에 손을 댈 줄은 꿈에도 몰랐다.

그 병사는 부대의 조치로 며칠 뒤 어디론가 떠나버렸지만 그 사건을 겪으면서 불법 스포츠 도박의 위험성이 얼마나 큰지를 깨달을 수 있었다.

성인이 되어서도 끊지 못함은 물론 더 큰 자극을 갈망하는 것이다. 본인의 삶이 멸망하고 주변에 해를 끼치고 가족들까지 구렁텅이에 빠뜨리는.

청소년들에 대한 도박 중독 예방과 치료가 절실히 요구된다. 한 번 빠지게 되면 정말 극단적인 상황이 되기 전까지 제대로 인지하지 못하고 무한한 늪에서 허우적거리는 것이다.

개인의 자유와 선택권도 중요하겠지만 스스로를 파멸시키고 사회를 파멸시킬 자유까지는 허락되지 않는다고 생각한다. 사태가 이토록 심각한데 정부 산하 기관들은 도대체 무엇을 하고 있는지, 현황이나 심각성은 제대로 인지하고 있는지 강한 의문이 들지 않을 수 없다.

그 후 전역을 하고 학교에 복직하여서도 혹시나 불법 스포츠 도박에 빠진 아이가 없는지 면밀히 상담하고 조사하고 있다. 한 번 빠지면 사실상 헤어 나올 수 없기 때문에 아예 선제적으로 차단하고자 하는 것이다. 담임 시간에도 불법 스포츠 도박의 위험성과 그것으로 인해 파멸에 이른 사람들의 예시를 들며 예방 교육에 힘쓰고 있다.

지금은 이렇게라도 노력하지만 훗날 나에게 이미 중독되어버린 학생이 배정된다면 이 아이를 어떻게 늪에서 구해낼지, 어떻게 치료받게 할지 걱정이 된다.

도박 중독에 대한 예방, 그리고 중독자들의 치료에 대한 관계 부처의 일원화와 적극적인 홍보를 통해 교사들이나 부모들이 아이를 건져낼 수 있도록 하는 일이 매우 중요하다고 하겠다. 어디에 어떻게 신고하는지, 위치는 어디에 있는지, 어떤 치료 프로그램들이 있는지 단 한 번도 지침을 받은 적이 없다.

세상에 어느 교사가 자기 제자들이 파멸하는 것을 원하겠는가. 그저 건강하게 바르게 잘 크다가 자기 인생을 개척하고 혹시나 성인이 되어서 찾아오면 커피나 한잔하는 것만으로도 엄청난 보람을 느끼는 것이 교사라는 직업인데 아이들이 이런 식으로 병들어서는 우리는 그저 들러리가 되어 버리는 것이다. 아이는 병들고 있는데 도와줄 수 있는 방법도 잘 모르겠고 구체적으로 어떻게 대응해야 하는지도 모르겠고.

교육부가 되었든 보건복지부가 되었든 어서 빨리 구체적인 지침과 대응 매뉴얼이 나오기를 바랄 뿐이다. 그리고 사태의 심각성에 대한 적극적인 홍보도 함께.

제 2 부
**도박,
청소년을
범죄자로
만 들 다**

글 | **오세라비** (작가, 칼럼니스트)

○ 들어가며

도박에 장래를 저당 잡힌 청소년들

   온라인 불법 도박이 청소년들을 망치고 범죄자로 만들고 있
다. 불법 도박은 게임이 아니라 범죄다. 불법 온라인 도박은 형
법 제246조 도박죄에 해당된다. 상습적으로 도박을 하면 상습
도박죄, 또한 가장 많이 하는 사설 토토는 국민체육진흥법 위

반이다. 청소년이 불법 도박 사이트에 접속하여 단 1천 원이라도 돈을 거는 순간 범행으로 간주된다.

미성년자가 하는 도박은 명백한 불법이다. 하지만 청소년 대다수는 범법 행위라는 사실을 인지하지 못한 채, 학교에서 수업시간, 쉬는 시간 가리지 않고 달팽이 경주, 사다리 게임, 사설 토토, 그리고 최근 인기 종목인 타조 게임, 슈퍼마리오 게임 등 일부 초등학생까지 온라인 도박에 빠져 있다. 달팽이 경주나 다리다리 게임, 가위바위보 게임, 홀짝 등 도박을 한 번 하는데 걸리는 시간은 불과 3~5분이 걸리지 않는다. 단순하게 만들어 단판 승부를 본다. 뿐만 아니라 소셜 그래프, 멀티 그래프 종목은 초 단위로 눈 깜짝할 사이에 끝난다. 반면에 사설 토토는 무제한으로 베팅이 가능하다.

도박은 스마트폰, PC 이용이 80.9%를 차지할 정도로 스마트폰은 손바닥 위의 도박장과 다름없다. 대략 2010년 무렵 폴더폰에서 스마트폰이 대중화되면서 처음에는 캐쥬얼 게임이라 부르는 애니팡, 테트리스, 앵그리버드와 같은 스마트폰 게임이 대세였다. 그러나 이후 불법 도박 산업은 우후죽순처럼 생겨나 최근 6~7년 사이에 청소년들의 돈과 장차 펼쳐나갈 미래를 블랙홀처럼 빨아들이고 있다.

학생들은 일명 토사장(불법 스포츠 토토 도박 사이트 운영자)이 되면 큰돈을 벌 수 있다는 선망을 품는다. SNS를 통해 토사장들이 5만 원 지폐를 쌓아두고 돈 자랑하면서 고가의 승용차, 명품 패션으로 치장하고 클럽에서 유흥을 즐긴다. 청소년들의 욕망을 자극하고 한 탕 크게 벌어 흥청망청 즐기는 물질주의 만능 가치관을 품게 했다. 그래서 스스럼없이 토쟁이(스포츠 토토를 즐기는 사람)가 되는 것이 유행병처럼 번졌다. 국내 불법 도박 사이트는 1만여 개 정도로 추산한다. 불법 도박 사이트 가입 시 성인인증 절차가 없는 것이 청소년들이 쉽게 도박에 빠지는 주요 원인이다. 회원 가입을 할 때 가짜 정보를 기입해도 회원 가입이 승인되며 미성년자도 어떤 제한 없이 가입이 가능하다.

도박 중독은 중증 중독자, 문제성 중독자로 크게 분류할 수 있다. 중증 중독자에 대해 미국 정신의학회는 충동 조절 질환자로 분류한다. 즉 일종의 정신질환자란 뜻이다. 문제성 중독자는 초기 도박 증세에서부터 자신이 통제 불가능한 중독 증세를 보이는 중독자를 모두 포함한다. 이 글을 읽는 청소년이 있다면 자신이 중증인지, 문제성인지 잘 생각해 보기 바란다. 나는 우리 청소년들은 아직 중증 도박 중독이 아닌 문제성 중독이 대부분일 거라 믿는다.

청소년기 도박 중독은 자신의 미래를 구렁텅이로 밀어 넣는 꼴이 된다. 자신이 하고 싶었던 일, 가치가 있다고 생각했던 것들, 장래의 목표, 보람 있는 일들은 뒷전이다. 오직 하루 종일 컴퓨터 앞에 앉아 베팅하고 또 베팅하는 도박 행위만 반복하는 삶이다. 그래서 도박은 질병이며 치료가 필요하다. 도박 중독자의 뇌 사진을 보면 마약 중독 뇌와 흡사하다.

나는 2020년 초부터 학생들을 병들게 만드는 청소년 불법 온라인 도박 문제에 본격적으로 매달렸다. 학생들로부터 직접 제보를 받기 시작하여, 대면 인터뷰, 비대면 전화 인터뷰, 메일 제보, SNS상에서 제보를 받았다. 그리고 2020년 10월 8일 경찰청 국정감사 참고인으로 채택되어 국감장에서 학생 불법 도박의 심각성에 대해 발언하였다. 또한 2020년 12월에는 『도박에 빠진 청소년』(오세라비, 정영길 공저. 가을밤 출판사)을 출판하여 이 문제에 대해 경각심을 불러일으키고자 했다. 하지만 정작 학부모나 정치권의 반응은 미미했다. 청소년들의 어두운 일면을 모두 감추고 싶은 심리 아닐까.

게다가 청소년 업무는 여성가족부에서 전담하고 있어 교육부와 이원화되어 혼선이 빚어진다. 2022년 여성가족부 총예산 1조 4,650억 원 가운데 청소년 관련 예산은 2,716억 원을 사용하고 있다. 청소년 예산은 청소년 사회안전망 강화 및 활동·보호 기반 확대 명목이다. 여기에는 학교 밖 청소년 지원, 청소년 유해환경 개선 및 피해 예방 등에 예산을 쓰고 있다. 원래 청소년 업무는 보건복지부 소관이었으나 2010년 여성가족부로 이관되었다. 청소년 업무는 원래대로 보건복지부에서 맡는 것이 옳지만 여성가족부의 부처 이기주의로 인해 청소년 정책은 제대로 이뤄지지 않고 있다. 여성가족부는 청소년 도박 문제, 마약 문제에 대해서 손 놓고 있는 실정 아닌가?

여당·야당 가릴 것 없이 국회의원이라면 누구나 청소년 문제는 중요하고 관심이 크다고 이구동성으로 입을 모은다. 국회의원들은 각자의 지역구에서 청소년 관련 행사를 주최하여 운영도 하고, 관련 단체와 협력을 하며 본인들의 정치 활동 홍보에 적극 활용한다. 그렇지만 이러한 청소년 관련 프로그램은 현란한 어휘를 내세운 그럴듯한 주제에 행복한 미래를 꿈꾸는 활동으로 포장되어 있다. 청소년들은 생활기록부 창의적 체험활동에 좋은 평가를 얻기 위해 참가한다. 학생부 종합전형에 좋은 결과를 얻기 위해서는 생활기록부 기재가 중요하기 때문이다.

그러니 모두 실제로 음지에서 바이러스처럼 번지는 불법 도박, 성매매, 마약문제는 덮어둔다. 냄새나고 더러운 것들을 카펫 밑에 쓸어 넣고 덮어두는 꼴이다. 불법 도박, 마약 사범 급증은 한국 사회가 이미 위험 수위에 도달했다는 것을 말한다. 근자에 범죄 행위 중 불법 도박, 마약 사범이 빠지지 않는다. 일명 '계곡 살인' 혐의로 구속되어 재판 중인 이은해, 조현수의 도피생활 자금도 불법 도박 사이트 관리와 홍보로 번 수익금이었다.

나는 2019~2020년에 걸쳐 만 1년 동안 청소년 불법 온라인 도박 실태를 조사하여 리포트도 발간하고 9장짜리 보고서를 작성하여 국회 문화체육관광위원회 의원들에게 메일로 모두 보냈다. 하지만 여·야 할 것 없이 단 한 사람의 의원도 관심을 두지 않았고, 답장조차 받지 못했다. 왜일까? 청소년의 위법 행위에 대해서는 말하기 싫은 것이다. 정치인들의 책임도 존재하고, 교육 당국과 교사단체, 학부모들에게 바람직하지 못한 현실을 공론화하기 꺼린다. 가히 직무유기 아닌가? 1,200년 장구한 역사를 가진 로마제국은 스스로 쌓아 올린 가치가 무너지면서 멸망했다는 사실을 상기하자.

그러는 동안 청소년 불법 온라인 도박은 독버섯처럼 자라나 청소년들을 위기로 몰아넣었다. 여기에 2020년 초 전 세계를 강타한 신종 코로나바이러스 팬데믹 상황이 길어지자 청소년 불법 온라인 도박은 들불처럼 번져 나갔다. "도박을 정말 끊고 싶어요." 도박을 하는 청소년 중 절반 정도는 도박 행위가 잘못이라는 것을 알고 있으며, 끊기 위해 안간힘을 쓰는 학생들도 많다. 그러나 그럴 때마다 번번이 실패와 좌절의 연속이다. 스스로 휴대폰 정지하기, 도박 사이트 탈퇴, 같이 토토 하는 친구들을 차단도 했지만 매번 실패하였다고 한다. 따고 잃고 따고 잃고를 무한 반복한다. 도박하는 연령도 점점 낮아져, 중학교 1학년 때 도박 사이트를 들락거리기 시작하여 중 3인 현재 여전히 도박을 하는 친구도 있었다. 내가 청소년 도박에 대해 실태 조사를 시작한 시기도 이때부터다.

○ 온라인 불법 도박 청소년들을 삼키다

1. 실태 조사를 하게 된 이유

청소년 불법 온라인 도박이 만연하다 보니 학교가 사실상 도박장이 되었다 해도 과언이 아니다. 부모는 자녀가 게임을 하는 줄 알지만 사행성(돈내기) 도박을 한다. 청소년 도박이 어제 오늘 일은 아니지만 2020년 초 코로나19 팬데믹으로 온라인 수업이 길어지자 도박하는 청소년이 급증했다. 그러다 한 고교생으로부터 이메일을 받았다. "작가님 도박하는 우리 친구들은 구해주세요." 고교생의 절절하고 다급한 호소를 듣고는 도저히 외면할 수 없어 조사에 착수하게 되었다. 학생들의 도박 문제를 교육 당국이나 사행산업통합감독위원회(국무총리 산하 공공기관)나, 한국도박문제관리센터(문화체육관광부 산하 공공기관)에 맡겨두기에는 청소년 불법 온라인 도박이 너무나 병폐가 깊다는 판단 하에 자체적으로 실태 조사에 들어갔다.

('한국도박문제관리센터'는 2022년 7월 19일 '한국도박문제예방치유원'으로 명칭이 변경되었다.)

2. 청소년 불법 온라인 도박 조사 기간과 조사 방식 및 지역 분포도

1) 1차 조사
- 실태 조사 범위: 2020년 7~9월 말까지 3개월간
- 실태 조사 대상: 중학생, 고등학생 및 교사, 학원 강사
- 실태 조사 방식: 전화 및 영상 인터뷰, SNS를 이용한 제보 및 상담, 이메일
- 제보자 성비: 남 21명, 여 2명, 현직 교사 2명(남1, 여1), 학원 강사 2명(남 2)
- 지역 분포: 서울, 경기, 충청, 전라, 경상도 등 전국적인 분포

2) 2차 조사
- 2021년~현재까지 계속.

3) 학교 밖 청소년은 제외하였으나 학교 밖 청소년지원센터에서 근무하는 상담사, 교사로부터 학교 밖 청소년들의 도박 실태를 상세히 들을 수 있었다. 학교 밖 청소년들은 재학 중인 학생들보다 약 4배 정도 도박을 하고 있었다. 학교 밖 청소년 대상은 만 9~24세까지를 말한다. 학교 밖 청소년 해당자는 초·중학교 3개월 이상 결석, 취학의무를 유예한 청소년, 고등학교 제적, 퇴학 처분을 받거나 자퇴한 청소년, 고등학교 미진학 청소년, 학업중단숙려제 등이 잠재적 학교 밖 청소년으로 분류한다.

3. 청소년 불법 온라인 도박 제보 및 실태 조사 사례

1) 경기도에 있는 한 고등학생이 알려왔다. "전교생 약 300명 중 매일 도박을 하는 학생들은 50여 명 정도다. 전교생 약 17%, 최대 20%다. 최근에는 판돈 100만 원이 보통이다. 우리 반 학생 중 3분의 1 정도가 매일 도박에 빠져 있다. 수업 시간에 충전기를 꽂고 계속한다." 경북에 있는 한 특성화고에 다니는 학생은 "공고 다니는 학생들 진짜 도박 많이 한다. 판돈 500만 원도 거는 것을 보았다." 충북에 사는 어느 중학생은 "급우들 중 '섰다'를 하는데 판돈

20만원씩 걸고, 오프라인에 모여서 한다. 오프라인에서 하다 돈 따면 온라인으로 한다." 한 고교생의 제보다. "도박하는 친구들 빚이 1~2천만 원까지 있다."

2) 한 고교생의 말이다. "내가 중학교 2학년일 때 쉬는 시간에 급우들이 도박 사이트에 접속해서 '사다리 게임'을 하는 애들이 있었다. 내가 그만하라고 말하자, 그 친구들은 "지금 수익이 나고 있는데 왜 그만둬."라며 목소리를 높였다. 그 친구들은 계속해서 도박을 하였고, 저런 모습이 도박 중독이구나 싶었다."

3) 경기도 한 고등학교 교사의 제보다. "도박에 빠진 학생이 빚이 생겨 아르바이트를 하면서 갚다 감당이 안 되니 학생 간 고리 사채를 썼다. 계속 돌려막기를 하다 결국 도박 한 방으로 갚겠다고 하다 결국 악순환의 연속이었다. 이자를 포함해 빚이 1천만 원 정도 늘어나자 보이스피싱 유혹에 빠졌다. 이런 상황을 미리 알게 되어 빌린 돈은 원금만 갚게 하고, 이자는 갚지 않기로 했다."

4) 한 학생의 케이스다. 도박하는 친구가 돈을 빌려 달라고 해서 빌려준 학생이다. 이 학생은 정작 자신은 돈을 돌려

받지도 못하고, 오히려 친구가 빌린 돈에 대한 이자를 대신 갚으라는 압력에 시달렸다. 결국 이 학생은 아르바이트를 해서 대신 갚았다고 한다.

5) 도박 빚을 갚으려고 보이스피싱 일을 한 학생이다. 보이스피싱 피해액은 총 1억 원 정도다. 이 학생은 구속되었으나 아직 19세 미만 고교생이라 소년법정 소년부 보호관찰 4개월을 받았다.

6) 학생 간 고리 금전 거래에 맛이 들린 학생들도 음지에 존재한다. 10만 원을 빌리면 1주일 후 3만 원 이상 이자를 요구한다. 10만 원을 빌리면 선이자 3만 원을 제하고 7만 원을 주고 1주일 후에 15만 원 상환 요구를 한다. 연간 1,000~1,500% 이상 고리에 해당한다. 빌린 돈을 1주일 후 갚지 못하면 시간당 과금을 부과하는 행태는 조직 폭력배를 능가할 정도다. 돈을 못 갚을 경우 학교 폭력으로 이어진다. 근자에 학생 간 폭행, 협박으로 인한 학교폭력 문제 중심에 불법 도박 고리 금전 거래가 주요 원인 중 하나다.

7) 여기서 알아둘 사항이 있다. 현재 우리나라 법정 최고 금리는 연 20%다. 금융권 대출상품뿐만 아니라 10만 원 이

상 개인 간 금전거래에도 마찬가지로 적용된다. 저축은행과 캐피탈·카드사 등도 동일하다. 학생 간 고리 금전 거래 피해자는 고리에 대해서는 갚지 않아도 무방하다는 것을 학생들은 알아야 한다. 개중에는 도박 빚과 고리에 시달린 나머지 혼자 끙끙 앓다 극단적인 선택을 하는 경우도 있으므로 반드시 부모에게 이 같은 사실을 알려야 한다.

4. N번방, 박사방 운영진의 성 착취물 및 불법 도박 카톡방 운영

2020년 3월 한국사회를 떠들썩하게 만든 N번방 사건이 있었다. 텔레그램에서 청소년 성 착취물을 제작·유포한 사건으로 주범들이 검거되었다. 그런데 성 착취물과 불법 도박은 서로 공생관계에 있었다. N번방 운영진으로 구속된 조주빈과 '갓갓'(본명 문형욱)은 텔레그램 성 착취 영상을 올렸다.

N번방 성 착취 영상은 같은 공동 운영자인 평경장, 태평양(16세)은 수십 개의 성 착취 영상을 오픈 카카오톡 방에 올리며 불법 도박 참여자를 모았다. 태평양은 성 착취 영상으로 회원들을 모은 뒤 곧이어 불법 도박 사다리 게임, 스포츠 종목에 베팅할 곳을 정해주는 방식이었다. 태평양은 불법 도박 사이트 운영자의 총판으로 활동하며 회원을 모집하여 수익을 올렸다.

성 착취 영상과 불법 도박의 공생이었다.

현재도 인스타그램, 페이스북, 트위터 등 SNS에는 노출이 심한 신체 장면을 보여주며 클릭을 유도하는 계정들이 무수히 많다. 클릭을 할 경우 성매매 및 알선, 그리고 도박 사이트로 연결되어, 특히 미성년자들의 호기심을 자극한다. 게다가 도박 빚이 있을 경우 갚지 못하면 성범죄물의 희생자가 된다. 청소년들은 범죄의 위험에 너무도 쉽게 노출되는 환경에 처해있다. 청소년들의 범죄 비즈니스 루트 중 불법 도박이 차지하는 비중이 가장 크다고 볼 수 있다.

5. 수사기관에 불법 도박 관련해서 신고를 했더니

한 고교 교사는 학생들의 도박 중독 실상에 대해 경찰에 신고를 여러 차례 했던 경험이 있다. 그때마다 수사기관은 실제로 피해자가 특정되지 않은 상황에서 경찰도 할 수 있는 일이 없다는 미온적인 태도였다고 개탄했다. 나에게 제보했던 고등학생의 말을 들어보자. 이 학생도 지난해 경찰에 신고를 했던 적이 있다. 경찰이 말하길 "불법 사설 토토 사이트 대부분이 중국이나 필리핀 등 외국에 서버를 두고 있어 막대한 피해가 아닌 이상 자기들도 어렵다."고 말했다.

"학교 전담 경찰관에도 이 같은 사실을 알렸으나 학교 폭력 발생에만 관심이 있다. 또 학교 전담 경찰관이 자주 바뀌어서 누구에게 어떻게 신고해야 할지 모르겠다."(고등학생)

"만약 신고할 낌새가 있으면 못 하게 집단으로 두들겨 팬다."(중학생)

"학교에서 도박 신고를 하면 학생들 사이에 매장당하고 학교를 다닐 수 없게 만든다."(고등학생)

6. 게임머니는 합법? 불법?

1) 합법 게임물

청소년들은 게임머니는 자유롭게 사고 팔 수 있는 것으로 아는 청소년이 많다. 합법·불법 게임물을 구분하지 못하는 경우다. 건전한 게임문화 조성을 위한 합법 게임물에 대한 규정을 간단하게 설명하면 다음과 같다.

- 게임산업진흥에 관한 법률(약칭: 게임산업법)에 의하면 "게임물"이라 함은 컴퓨터프로그램 등 정보처리기술이나 기계장치를 이용하여 오락을 할 수 있게 하거나 이에 부수하여 여가 선용, 학습 및 운동효과 등을 높일 수 있도록 제작된 영상물 또는 그 영상물의 이용을 주된 목적으로 제작된 기

기 및 장치를 말한다.

• 합법적인 인터넷 게임은 업체를 상대로 공식적인 경로로 현금으로 게임머니를 환매하거나 현금 출금은 불가능하다. 한 게임이나 넷마블 등 온라인 게임에서는 사이버머니를 한번 구매하면 현금으로 되돌려 받지 못하고 모두 사용해야 한다.

2) 불법 게임물

불법 게임물은 사행성, 즉 재산상 이익 또는 손실이 발생하는 게임물에 해당된다. 베팅이나 배당을 내용으로 하는 게임물, 경마·경륜·경정·카지노 등을 모사한 게임물을 말한다.

• 게임산업진흥에 관한 법률(약칭: 게임산업법)에 따르면 게임물 관련사업자가 제공 또는 승인하지 아니한 컴퓨터프로그램이나 기기 또는 장치를 배포하거나 배포할 목적으로 제작하는 행위, 게임물 관련사업자가 제공 또는 승인하지 아니한 게임물을 제작·배급·제공 또는 알선하는 행위는 모두 불법 게임물 등의 유통 금지에 해당한다.

• 불법 게임물 이용을 통한 아이템이나 게임머니를 이용자에게 환전 또는 환전 알선, 현금으로 돈을 되돌려주는 등 방식

은 명백한 불법으로 사행행위규제법에 따라 처벌을 받는다.

7. 합법사행산업, 불법사행산업

7개의 합법 도박을 제외한 다른 모든 종목은 불법 도박이다.

1) **합법 사행 종목 7가지** : 스포츠 토토(국민체육진흥공단), 카지노(강원랜드), 경마(한국마사회), 경륜(국민체육진흥공단), 경정(국민체육진흥공단), 청도 소싸움(청도공영사업공사), 복권(복권위원회)

2) **불법 사행 종목**: 불법 스포츠 토토, 온라인 카지노 게임(바카라, 룰렛, 블랙잭, 드래건 타이거), 포커, 화투, 체스, 장기, 사다리 게임, 달팽이 레이싱 게임, 다리다리 게임, 가위바위보 게임, 파워볼, 로하이, 소셜 그래프 게임, 불법 카지노, 불법 경마, 불법 경륜, 불법 경정, 불법 복권, 불법 소싸움 경기, 바다 이야기 등이 있다.

8. 학생들의 불법 도박업체 총판(모집책)

청소년 도박 중독의 위험성은 빚을 지거나, 도박으로 쉽게 돈을 버는 목적으로 불법 도박 사이트 총판(모집책) 일을 하는 경우다. 도박과 총판을 겸하는데 총판 대부분이 이런 케이스다. 불법 도박 사이트 사장인 운영자는 총판을 많게는 10명 이상, 적게는 4~5명씩 둔다. 총판이 하는 일은 도박 사이트 홍보, 회원관리를 한다.

청소년들의 꿈이 '토사장'이라는 말이 있듯 미성숙한 청소년들은 인터넷에 올라오는 토사장이나 총판들이 돈다발을 올려놓은 사진, 명품시계를 과시하는 사진에 유혹을 받는다. 실제로 중학교 2학년인 한 학생은 "일주일을 살아도 토사장들처럼 돈 많이 벌어 클럽에서 술 마시고 놀고 싶다."라고 스스럼없이 말해 경악한 적이 있다. 그렇다면 토사장을 꿈꾸는 학생 잘못인가? 이렇게 만든 사회분위기, 돈만 많으면 최고라는 물질주의 만연이 미성년자인 학생들에게 그릇된 가치관을 심어준 게 아닌가.

실제적인 총판 노릇은 아니더라도 아르바이트로 생각하고 친구나 학교 선후배 전화번호와 도박 사이트 가입 인증번호를 넘기며 최소 건당 5,000원 이상 받는다고 한다. 용돈을 벌기 위해 급우나 후배들에게 강요하다시피 요구하며 정보를 요구하는 사례도 흔하다. 친구들을 도박 사이트에 가입시켜 이용자가 돈을 따면 이익금은 거의 없지만, 돈을 잃으면 최대 30%까지 이익금을 받는 구조다. 그렇기 때문에 수단 방법을 가리지 않고 도박 사이트로 친구, 선후배들을 끌어들인다.

　한 여고생의 말이다. "도박 사이트 가입할 때 사용하려고 전화번호 빌리는 친구들도 많아요." 도박에 빠진 성별은 남학생들이 압도적으로 많이 차지한다. 내가 수년간 조사한 바에 의하면 도박을 하는 청소년 중 90%가 남학생들이었다.

9. 학교 관계자들은 도박 문제에 대해 어떻게 처리하나

　"학생들이 도박을 많이 해서 학교에서 전수 조사해 보자고 상층부에 제안하였으나 학교 관리자들은 학생 개인문제로 여긴다."(고교 교사)

　"담임도 알고 있다. 그렇지만 적극적으로 도박 문제에 대해 해결하지 않고, 그냥 OO아! 도박 그만해라~. 이런 식의 장난조로 얘기하며 말리지 않는다."(고교생)

　"반 친구 중 수업 시간에 도박 사이트 접속해 실시간 베팅 상황을 보기도 한다. 집에서는 밤새 사설 토토를 보고, 학교 수업시간에는 숙면을 취한다. 교사들은 학생들의 몰골을 알고 있지만 무시한다."(고교생)

　"학교에서 가끔 도박 진단을 위해 설문조사를 할 때가 있다. 학생 대부분은 '도박 경험 없음'이라고 기록한다. 도박을 매일 상습적으로 하는 친구도 이런 식으로 답변한다. 도박 예방 교육을 하지만 집중해서 듣지 않고 딴짓한다. 도박 예방 교육 시간에도 도박 사이트 접속해서 파워볼, 주사위 게임, 다리다리 게임에 베팅을 하는 친구들도 있다."(고교생)

"우리 학교도 도박 예방 교육을 강당에서 집합 교육을 하거나 온라인으로 하는데 전혀 실효성이 없다. 도박 예방 교육의 중요성은 알지만 이런 식이면 백약이 무효다."(고교 교사)

- 뒤늦게 심각성을 깨달은 시도교육청은 그동안 도박 예방 교육을 일부 중·고교에서 자율적으로 실시하던 교육을 학교보건법 일부 개정하여 2022년 6월 29일부터 전국 초·중·고 도박 중독예방교육이 의무화되었다.

- 전국 초·중·고는 도박 문제에 대한 관심과 대처방법 안내를 위한 가정통신문을 연 2회 발송하고 있다.

10. 불법 도박 사이트 어디로 신고해야 하나?

학생들은 불법 도박 사이트나 도박 범죄에 대해 어디로 신고해야 하는지 모르겠다고 이구동성으로 말한다. 이유는 불법사행산업 관련 공공기관이 여러 기관으로 나뉘어져 있기 때문이다. 다음과 같다.

- 사행산업통합감독위원회(국무총리 직속 기관)
- 한국도박문제예방치유원(문화체육관광부 산하 공공기관)
- 방송통신심의위원회

1) 사행산업통합감독위원회가 하는 업무는 불법 도박 사건에 대한 고발, 수사 의뢰, 현장 감시 등 불법 도박에 적극적으로 대처하기 위해 설치된 기관이다. 불법 경마·경륜·경정·소싸움 경기, 불법 카지노, 불법 체육진흥투표권, 불법 복권, 불법 사행성 게임물, 온라인 도박에 관련한 사건을 담당하고 있다. 불법 사행 행위 신고도 받는다. 전화는 1855-0112이다.

2) 한국도박문제예방치유원은 도박 예방 교육과 도박 문제 상담, 도박 문제 관련 정보 제공을 하며 중앙센터 포함 전국 14개 지역센터, 26개 민간상담전문기관과 연계체계를 갖추고 있다. 도박 문제 전화상담 번호는 1336이다.

3) 방송통신심의위원회는 먼저 사행산업감독위원회에 불법 도박을 신고한 사건에 대해 방송통신심의위원회에 심의 요청을 한다. 방송통신심의위원회는 요청한 불법 도박 사이트에 대

한 접속 차단, 이용 해지, 각하를 결정하는 기관이다. 따라서 불법 도박 관련 신고를 하더라도 여러 기관을 거쳐야 한다. 처리 결과가 나오기까지 상당한 시간이 걸리기 때문에 그동안 불법 도박 사이트는 한탕 한 후 사이트를 폐쇄하고 소위 먹튀를 한 상태다.

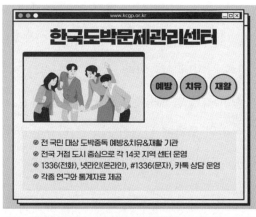

11. 사각지대에 놓인 '학교 밖 청소년'의 도박 중독, 어린 빚쟁이들

일부 학교 밖 청소년의 도박 중독은 더욱 심각하다. 내가 학교 밖 청소년 도박 문제를 조사해 보니 이들 청소년들은 저소득층 비중이 높았다. 정부에서 '기초생활수급비'가 일괄 지급되는 매달 20일에는 불법 스포츠 토토 등 도박을 하는 청소년들이 상당수에 달했다. 학교 밖 청소년지원센터 업무를 수행하고 있는 A씨도 같은 문제로 고심하고 있었다. 정부가 지원하는 기본적인 생계비가 도박 자금으로 탕진되는 것이다.

청소년을 위한 시민사회단체에서 봉사하는 B씨의 말이다. "청소년 지도 현장에서 도박 중독으로 어린 빚쟁이들이 꽤 있다. 학생들이 도박하기 위해 돈을 빌리는 일이 늘어나자 이자를 받고 일수놀이도 한다. 또 한 학생은 다니던 교회 선생님에게 전화해서 배가 고파서 친구들에게 돈을 조금씩 빌렸는데 그게 20만 원이 되었다며 도와 달라 했다. 사실을 알고 봤더니 그 학생은 도박 중독이었다."

학교 밖 청소년 지원에 관한 법률(약칭: 학교밖청소년법)에 의하면 학교 밖 청소년 관련 현황 및 실태 파악과 학교 밖 청소년 지원 정책 수립 등 모든 사무는 여성가족부에서 관장하고 있다. 교육부는 정규교육, 즉 의무교육을 받는 학생들의 교육정

책을 관장하는 행정기관으로 학교 밖 청소년 사무와는 직접적인 관련이 없다. 나는 학교 밖 청소년 사무도 교육부에서 따로 맡아야 한다고 생각한다. 여성가족부에서 할 일이 아니다.

12. 도박 중독 늪에 빠진 보호 종료 청년

일반적으로 보호 종료 청년 혹은 청소년, 아동이라 칭하는데 학교 밖 청소년 연령 범위와 동일한 만 24세 이후 자립해야 하는 청년을 말한다. 연령대가 아동, 청소년, 청년기에 걸쳐있기 때문이다. 여기서는 보호 종료 청년이라 부르자. 보호 종료란 부모의 부재, 학대 등의 이유로 아동복지시설 및 위탁가정에서 생활하다가 만 24세 이후 자립해야 하는 청년을 말한다. 지난해부터 보호 기간이 만 18세에서 만 24세로 연장되었다. 2021년 기준 전국 보호 종료 대상자는 약 2만 4천 명으로 추산한다.

한 보호 종료 청년의 심각한 도박 중독에 관한 사례다.

청년은 매월 20일 새벽을 기다렸다. 정부에서 기초생활수급비가 은행계좌로 들어오는 날이기 때문이다. 원래 주거 불안정 상태인 청년이었지만, 주변의 도움으로 주거가 안정이 되면서 기초생활수급 대상자도 되었다. 아르바이트도 하면서 인생을 다시 처음부터 다시 시작한다는 각오를 다졌다.

그렇지만 매달 20일이 되는 0시가 지나면 홀연히 사라졌다. 자립지원전담기관 담당자는 청년과 연락이 안 되는 애를 태웠고 늘 반복되었다. 20일이 지나면 청년은 자신의 페이스북 계정에 어김없이 "난 죽어야 한다…" 는 등 넋두리를 푼다. 사설 토토는 한두 시간 만에 보호 종료 청년의 한 달 생계비인 기초생활수급비를 탈탈 털어 갔다. 사설 토토로 한탕 크게 돈을 벌겠다는 청년의 꿈은 번번이 깨졌다.

그렇게 되자 지역에서 청년을 알거나 페이스북을 통해 안타까운 사정을 도우려는 어른들은 자신들의 호주머니를 털어 또 다독거렸다. 매번 뒤통수를 맞으면서도, 밑 빠진 독을 채우는 헛일이라는 것을 아는지 모르는지 그것까지는 알 수 없다. 또 청년이 도박의 늪에 빠져 허우적거리는 사실도 말이다. 그럼에도 보호 종료 청년이 삶에 희망 한 줄기라도 붙잡기를 바라는 간절한 마음으로 도움을 주리라. 하지만 불법 스포츠 토토 업체는 악마의 덫을 놓고 가련한 청년들의 돈을 마구 빨아들이고 있다.

13. 우리 아들을 경찰에 신고해 주세요

아직 고등학생 신분인 만 19세 A는 중고 거래 사이트 상습

사기 전력의 소유자다. 여러 차례 중고 거래 사기가 드러나며 사이트에서는 요주의 인물 리스트에도 올랐다. 최근에도 최대 중고 거래 플랫폼인 한 중고 거래 온라인 커뮤니티에서 사기를 치다 범죄 피해 방지 서비스 사기 조회에 걸렸다.

사기를 당한 중고 거래 플랫폼 한 이용자가 경찰청 사이버 수사대에 신고를 하였고, A의 집 주소를 알아내 부모와 통화를 하였다. 부모의 말이다. "우리도 어쩔 수 없다. 애가 가출한 지 1년이 넘었다. 여태 사기 당한 피해자에게 돈도 물어준 게 5번 이다. 더는 못 한다. 차라리 경찰에 빨리 신고해서 집어넣어 달라. 그래야 범죄도 막을 수 있고, 정신 차리지 않겠나. 현재 경기도 ○○○시 PC방에서 먹고 자고 하는 것까지는 알고 있다."

A의 부모는 차라리 자식이 법적 처벌을 받는 것을 원하고 있었다. 오죽하면 부모의 입장에서 그럴까. 중고 거래 사기 수법은 자주 발생한다. 예를 들어 사설 토토 사이트에 가입한 후 대포폰, 대포통장을 얻는다. 그런 다음 중고 거래 커뮤니티에 사기를 친 후 대포통장으로 입금을 받아 출금해서 사용하게 된다. 범죄 행각이 매우 자연스럽게 이어지는 데다 조직 폭력배들과도 연관이 있고 자신도 끝내 가담하게 되는 것이다.

14. 청소년 일진들이 포주 역할?

나에게 한 고교생이 보내 온 이메일 내용이다.

"학교 폭력을 상습적으로 저지르는 청소년 일진들이 포주 역할을 해요. 피해자들은 거기에 매여 성매매에 동원되고, 돈을 착취당해요. 또 영상을 찍어 뿌리겠다면서 부모에게 영상을 보내겠다, 속옷을 벗겨서 영상이나 사진을 찍어놓고 SNS에 올리겠다는 협박을 많이 해요. 그러면서 신고하면 나는 처벌받지만, 넌 이거 평생 박제된다는 식입니다. 피해자에게 뜯은 돈은 일진들 도박 자금으로 많이 쓰여요. 이것이 청소년 도박 문제 중 하나예요."

어떤가? 처음 이런 사실을 접한 사람은 충격적이겠지만 나는 그다지 놀랍지 않다. 현재 소년원에 수용되는 상당수 청소년들의 범죄 원인이 도박 중독으로 인한 폭력이다. 포주, 즉 성매매 알선업자 노릇을 하는 일진들은 동성 간 성매매 알선도 한다는 사실이다. 실제로 나의 지인 아들이 당한 일이다. 중학교 남학생이 고교생과 동성 성관계를 하였고, 이런 만남을 주선한 일진들이 있었던 것이다.

트위터 일탈계 계정은 온통 미성년자들의 성매매 놀이터가 된지 오래다. 성적 수위는 상상을 초월하기 때문에 지면으로 묘사가 불가능할 정도다. 11세, 12세, 13세, 14세 등 연령대별로 성매매 계정이 존재하는데 조직적으로 성매매를 주선하는 계정인지 아니면 개인적인 성매매인지는 알기 어렵다. 또 진짜 11세부터 미성년자 연령대인지도 확인이 불가능하다. 그러나 트위터, 인스타그램 등 SNS 일부 계정들은 성매매의 온상이 된 지 오래다.

15. 사설 토토를 비롯해서 불법 스포츠 도박은 돈을 딸 수 없게 프로그래밍, 먹튀 또 먹튀

자신이 16세라고 밝힌 한 학생은 이렇게 토로한다. "정말 단 도박 하고 싶어요. 성적도 많이 떨어져 공부에 집중해야 하는데 머릿속에 토토만 계속 맴돌고 있어요." 이 학생은 도박이 자신의 현재와 미래를 망가뜨리고 있다는 것을 분명히 알고 있지만, 도박은 끊겠다는 의지만으로 이겨낼 수 없다. 청소년기 중독은 뇌에 치명적인 손상을 가져오기 때문이다.

한국의 사설 토토 사이트는 대략 1만 개가 넘는다고 추산한다. 상당수 도박 사이트 서버는 해외인 중국, 태국, 필리핀 등지에 있다. 한 사설 토토 운영자가 이런 말을 했다. "돈 벌기가 제일 쉽다." 수많은 도박 중독자들이 돈을 그만큼 잃기 때문에 불법 도박업체만 배를 불리는 것이다. 여기에 불법 도박 사이트는 일명 먹튀(불법 도박 사이트가 당첨금을 주지 않고 사이트를 일방적으로 폐쇄하는 행위) 사이트가 많다. 이용자가 돈을 따면 운영자가 차단하거나 연락이 불가능하게 만든다.

도박 사이트 이용자는 도박으로 돈을 벌 수 없게 처음부터 프로그래밍 되어 있다는 사실을 깨달아야 한다. 청소년들이 많이 하는 파워볼도 돈을 딸 수 없게 프로그래밍 되어 있다. 설령 요행으로 돈을 따더라도, 사람의 욕심은 끝이 없어 계속해서 베팅을 더 많이 하기 때문에 결국 딴 돈에 빚까지 얻어 큰 손해를 보게 된다. 상습 도박자들은 "도박으로 잃은 돈, 도박으로 일어서겠다."는 일념으로 도박에 빠진다. 하지만 천만에! 명심하자. 도박은 자신의 인생을 좀먹고, 가족과 친지까지 파괴한다. 토사장들이 명품으로 휘감고 고급 승용차를 굴리며 강남 유명한 클럽에서 흥청망청 돈을 물 쓰듯 해도 결국 말로는 좋지 않다. 도박으로 번 돈, 도박으로 잃기 마련이다.

16. 현역 군인들의 불법 도박 문제

최근 현역 군인들의 불법 도박 적발 사례가 증가하고 있다. 2020년부터 모든 군부대에서 군인들의 휴대폰 사용이 허가되었다. 부대에 따라 다소 차이는 있겠으나 평일에는 오후 6시~9시까지, 주말에는 오전 7시~10시까지 사용이 가능하다. 그러다 보니 군인들이 불법 스포츠 도박 등을 상습적으로 반복하다 결국 형사사건 피의자로 입건되는 일이 증가하고 있다. 나의 지인 가운데 아들이 군복무 중 상습적으로 불법 도박을 하다 군사법원에서 재판을 받아 국군 교도소에 수감된 일이 있었다.

한 군인이 전해 온 사례다. "코로나바이러스 팬데믹이 터지고 군인 도박이 더 많아진 것 같다. 내무반에서 휴대폰으로 비트코인을 하거나, 도박에 빠져 틈만 나면 하다 걸려 군대 내에서 중징계를 받은 선임들이 꽤 있었다." 올해 제대한 한 청년은 군부대 만연한 불법 도박은 상당히 심각하다며 "군인 월급 받아 도박으로 다 날려요."라고 말한다. 또 휴가를 나와 불법 도박을 하다 경찰에 적발되어 형사 입건된 경우도 있다. 군인 도박은 대부분 중·고교 시절 도박 경험이 군복무 중에도 이어지는 케이스다. 설령 적발이 되지 않더라도 한 청년의 고백을 들어보면 군대에서 도박에 중독되어 제대하자마자 수년간 포커, 섰다, 파워볼, 사다리, 경주마, 토토 등 안 해 본 종목이 없었고 결국 빚이 수백만 원에 달했다고 한다.

군장병 불법 도박이 문제가 되자 한국도박문제예방치유원은 올해 2022년 10월 17일~10월 30일까지 '군인불법 도박예방 챌린지' 행사를 실시하기에 이르렀다. 군장병을 대상으로 불법 도박을 하지 않는 자랑스러운 군인이 되겠다는 다짐과 경품까지 걸었다. 어쩌다 공공기관에서 군장병을 대상으로 "불법 도박으로부터 나 자신을 지키는 군인이 되겠다."는 챌린지 행사까지 하게 되었는지 개탄하지 않을 수 없다.

(한국도박문제예방치유원 주최 '군인불법 도박예방챌린지' 행사)

17. 기프티콘 이벤트 마음에 안 들어?
그럼 돈으로 최대 13만 원까지 줄게

핸드폰 문자로 하루에 몇 통씩 불법 도박 사이트 입장 권유가 날아온다. 우리가 소유하고 있는 핸드폰 개인정보는 공개된 것이나 다름없다. 나는 하루에도 평균 5건 정도 불법 도박 사이트 입장 링크가 걸린 문자를 받는다. 어디 나뿐이랴. 다른 사람들도 마찬가지다. 이럴 경우 대부분 문자를 무시해버리지만, 유혹에 취약한 청소년들에게는 위험하다. 특히 도박 경험이 있는 청소년들은 현금을 주겠다는 달콤한 문자에 혹할 수 있기 때문이다.

내가 받은 불법 도박 사이트 입장 권유 내용은 이랬다.

"안녕 형들! 지난번 기프티콘 이벤트가 마음에 안 들어? 이번에는 현금으로 줄게. 첫 3만 원 충전하면 2만 원 플러스 지급, 첫 5만 원 충전은 3만 원 플러스, 첫 10만 원 충전은 5만 원 플러스, 첫 30만 원 충전은 13만 원 플러스 지급할게. 이렇게 퍼주는 이벤트를 하는 이유는 우리 사이트는 안전하다는 것을 증명하고 싶어서야. 우리는 7년 동안 운영했지만 지금까지 단 한 번의 사고 없이 영업 중이야. 한번 들러줘. 다음은 입장 사이트와 비번이야"

"100,000원 베팅 시작 3일 만에 23,782,000원 실현. 무료 체험 진행"

세상 물정 모르는 청소년들은 심심풀이 삼아, 아니면 학업 스트레스를 받고 있는 상황에서 일종의 도피 심리 발동으로 도박 사이트에 접속할 수 있을 가능성이 높다. 부모에게 받는 용돈 조금만 베팅하면 거금을 손에 넣을 수 있다는 달콤한 악마의 유혹이 청소년들을 흔들어 놓는다. 손에서 놓지 않는 핸드폰은 온갖 스팸 문자 필터링이 전혀 되지 않기 때문에 무방비로 쏟아져 들어온다. 그렇기 때문에 궁극적으로 스스로 올바른 판단과 결정이 중요하다. 청소년 자녀를 둔 학부모들은 아이들이 온통 유해한 환경에 처해있는 현실을 자각하고 가정에서 먼저 가르치는 것이 급선무다.

18. 불법 인터넷 도박은 형법 제246조 도박죄에 해당

온라인 불법 도박 종목 중에 가장 많이 하는 사설 스포츠 토토의 범죄사실 예를 들어보자. 사이트에 접속하여 돈을 넣는 순간 범행으로 간주한다.

1) 도박죄 및 국민체육진흥법 위반에 해당

자신의 주거지에서 PC와 스마트폰을 이용하여 해외 유명 스포츠 토토 사이트를 모방한 사설 스포츠 토토 사이트에 회원으로 가입하였다. 도박 사이트에서 운영하는 도박 자금 충전계좌에 입금하고 사이버머니인 포인트를 충전 받아 국내외 스포츠 경기의 승무패 등에 베팅한 후 적중할 경우 정해진 배당률에 따라 배당금을 환급받는 행위.

2) 범행에 이르게 되는 경위

사설 스포츠 토토 사이트로부터 '적은 투자로 고수익을 보장한다', '주식 투자로 원금의 300% 가능', '가상 화폐 투자는 여기에서 하세요', '비트코인 말고 ○○코인이 대세!'와 같은 불법광고, 즉 스팸 문자를 받아 호기심에 접속하여 돈을 넣는 순간 범행으로 간주한다.

3) 범죄 금액 산정 방법

- 100만 원을 입금하고 다 잃어버려서 0원이 되었다고 피해를 봤다거나 범죄에서 벗어날 수 있는 것이 절대 아니다. 100만 원을 입금하고 무승부가 나서 다시 100만 원 돌려받게 되면 범죄 금액은 200만 원으로 특정된다. 만약 100만 원을 넣고 100만 원 따서 총 200만 원을 입금받으면 범죄 금액은 300만 원으로 특정된다. 즉, 충전 금액 + 환전 금액 = 범죄 금액이 된다.

- 횟수와 금액 외와 같은 방법으로 하는 충전과 환전한 총 횟수, 그리고 총 합산 금액으로 산정을 하는데 2017년도부터 총 합산 금액이 1억~2억 원 이상이 되면 공범 내지 총판으로 간주되어 집행유예나 실형까지도 가는 경우가 많다. 이

럴 경우 검찰에서는 직권으로 비록 자신의 소유가 아니더라도 관련되어있을 것으로 예상되는 제3자의 재산에도 가압류를 할 수 있다. 위와 같은 범죄 금액 산정하는 방법으로 수천만 원에서 수억 원의 범죄 금액이 충분이 될 수 있다.

19. 도박이 주는 쾌락의 특수성, 청소년 도박 문제 해결 가능할까?

불법 도박 문제에 대해 한 젊은이는 이렇게 말한다. "불법 도박 문제 관련 기관에서 단속과 도박사범 검거에 전력하더라도 최근에는 중국, 동남아계 소규모 도박앱의 제작 속도가 훨씬 더 빠르다. 당장 구글에 잠깐 검색만 해도 수두룩하게 뜨는 실정이다. 단속과 검거를 넘어서는 뾰족한 대책이 없어 안타깝다." 청년의 말대로 정말 대책이 없는 것일까.

나는 2021년 『도박에 빠진 청소년』을 발간한 후 청소년 도박에 관한 소규모 세미나 겸 책 리뷰 형식의 모임을 여러 차례 가졌다. 그중 세미나에 참석은 하지 못했지만 한 대학생이 보내 온 내용에 매우 공감한 바 있어 글을 소개한다.

고등학교 시절부터 대학생인 지금까지 별로 많지 않은 친구나 지인 중 불법 도박에 빠진 사람들은 항상 있었다. 학교 커뮤니티 사이트에서도 '스포츠 토토 동아리' 팀원을 모집하는 게시글을 본 적 있다. 그때는 그저 위험한 취미 정도로 생각했다. 그러나 불법 도박 경제규모가 약 170조 원에 달하며, 불법 돈세탁 과정, 또 N번방 사건 연관성 등을 보며 내가 생각하는 청소년 도박 문제점은 크게 3가지다.

1. 쾌락의 특수성

도박이 주는 쾌락은 마약이나 술, 섹스와는 다른 형태의 쾌락을 준다. 섹스와 마약은 한 번에 지속할 수 있는 횟수가 물리적으로 제한되고 N번 이상 반복할 경우 쾌락이 아닌 고통이 되어 신체에 큰 무리가 간다. 반면 도박은 그 렇지 않다. 카지노에서 며칠을 밤새우며 룰렛을 하는 사 람들이 있다. 도박이 주는 쾌락은 지치지 않는다는 데 있 다. 도박은 인간이 가장 벗어나기 힘든 중독이자 쾌락이 다. 같은 맥락에서 N번방 사건에서 수사기관이 깊이 파헤 쳐야 할 부분은 '성 착취'보다 불법 도박과 연계된 '검은돈' 이라 생각한다. '검은돈'이 우리 사회에 끼치는 구조적 문 제와 해악이 더 크기 때문이다.

2. 청소년이 사회생활을 시작하기 전에 지나친 자기혐오와 도 박 빚에 빠지는 문제다

불법 도박업자 예를 들어 토사장들은 청소년에게 꽁머 니(공짜 돈), 피자나 치킨을 먹을 수 있는 공짜 기프티콘을 주면서 도박 사이트로 유혹한다. 더 악질적인 행위는 또 래 청소년들을 포섭해서 불법 도박 영업에 이용한다. 도 박에 빠진 청소년들은 적게는 수백만 원 많으면 수천만 원 빚을 진다. 사채들 쓰기도 하고 조폭과 연계된 학교 친 구들에게 돈을 빌리기도 한다. 도박 빚에서 벗어나기 위해 아르바이트, 가개통, 중고 거래 사기와 부모님 물건 팔기를 통해 돈을 벌어 보지만 그렇게 번 돈은 다시 도박으로 탕진한다. 이런 과정을 거치며 청소년들은 심각한 자기혐오에 빠져 자해를 시도하거나 자살이라는 극단적 선택을 한다. 성인이 되기도 전에 청소년들이 이런 상태에 빠지게 되는 구조는 시급히 해결해야 할 문제이지만, 정부와 정치권은 무슨 이유인지 해결할 의지를 보이지 않는다.

3. 청소년들의 불법 도박 문제로 파생되는 범죄는 심각하다

토사장들은 청소년들을 총판(모집책)으로 끌어들여 주변 친구들을 불법 도박을 권유하게 시킨다. 총판은 자기가 불법 도박 사이트를 알선한 친구들이 도박으로 잃은 돈의 N%를 인센티브로 받는다. 해당 영업에 두각을 보인 친구는 지역 조폭(불법 도박 비즈니스를 하는)들에게 스카우트되기도 한다. 스카우트된 친구는 많은 돈을 벌게 되고 자신의 SNS에 이를 과시하면서 주변 친구들을 불법 도박의 세계로 끌어들인다. 특히 여성 청소년의 경우 남자 급우에게 도박 사이트를 알선하는 역할을 많이 맡는다고 한다. 과거 중학교 동창이 페이스북에 돈다발을 올리며 돈을 벌고 싶은 사람, 급전이 필요한 사람 구한다는 게 시글을 본 적 있다. 당시에는 무슨 상황인지 이해가 안 갔으나 이제는 대충 윤곽이 보인다. 불법 도박 사이트들은 주로 조폭에 의해 운영된다. 서버를 외국(주로 중국)에 두며 운영을 한다. 이들은 도박은 물론 마약, 성매매 사업을 겸한다. 이런 형태가 표면적으로 일부 드러난 것이 버닝썬 사건, N번방 사건이 아닐까. 불법 도박을 한 사용자에게 N번방 텔레그램방을 알려주거나 성 착취 영상을 대가로 준 사례, N번방 운영자들이 상대 불법 도박 사이트의 영업을 방해하기 위해 상대를 신고한 사례 등은 도박, 마약, 성매매가 큰 연관성을 가지고 있음을 증명한다.

결론) 청소년 도박 문제 과연 해결 가능할까?

이 문제에 대해 굉장히 비관적이다. 정부 기관의 불법 도박 사이트에 대한 신고 시스템이 여러 부처에 흩어져 있어 혼선을 빚으며 각 부처에 떠넘긴다는 생각이 든다. 정작 학교 내 교사들, 특히 586세대 교사들은 이런 문제에 굉장히 무관심하다. 개인적인 의견인데 나는 교사들의 책임이 가장 크다고 생각한다. 교직에 대한 긍지도 없이 철밥통을 추구하며 교사를 취업 정도로 인식하지 않은지 의심스럽다. 반에서 사고만 터지지 않고, 상위권 학생들의 대학교 진학에만 관심 있다. 또한 관련 법률을 입법해야 할 정치인들은 정말 '검은돈'에서 자유로운가? 모든 상황이 절망적이다. 정부의 무관심과 학교 당국의 직무유기 속에서 오늘도 청소년들은 도박의 늪으로 빠져 허우적대고 있다.

20. 팸플릿 형태로 처음 마주하는 70여 쪽 아수라 (by 이환희)

2020년 12월 『도박에 빠진 청소년』(오세라비, 정영길 공저)을 출간한 후 다음 해인 2021년 3월부터 서평회를 몇 차례 가졌다. 서평 가운데 공감을 일으킨 글 한 편을 소개한다. (리뷰어 이환희)

'청소년'과 '도박'이라는 낱말은 진지하게 동렬로 둘 수 없다는 것이 그간 내가 배워온 바였다. 청소년의 도박이라 치면 쉬는 시간에 책을 접어 굴곡을 마련한 뒤 올린 동전을 손으로 치는 판치기 정도거나 자신만의 허세와 허언 또는 상식에 기반한 대책 없는 내기 정도로 생각했으나 이는 순진했다.

마치 느와르 영화의 메이킹북을 읽은 느낌이다. 중·고 교생, 심지어 초등학교까지 도박과 폭력, 매춘이 얽힌 범죄의 사슬이 깊게 침투해 있었다. 대체 우리들은, 우리 어른들은 여태 무엇을 했던 것일까. 백날 답 없는 이념 갈등과 그럴싸한 선심성 기금 살포, 서로를 향한 악다구니 같은 일에 갖은 힘을 쓰는 사이 우리의 아이들이, 이 나라의 장래들이 방치돼 있었고, 그 자리에 '도박'이라는 범죄의 그늘이 드리워졌다.

지도교사를 비롯한 학교 당국은 물론 수사기관까지 숫제 손을 놓고 있는 모양이란다. 세상의 모든 방송과 통신의 가치와 기준을 심판하는 노릇을 하는 양 군림하는 방송통신심의위원회와 공평하고 평등한 세상을 만드는 데 전력을 다하고, 무능과 독선이 반발에 부딪치자 박해를 받는 양 연기하는 여성가족부까지 한심하고 딱하다. 어쩌면 저들은 이 문제를 해결할 의지가 아니라, 역량이 없는지도 모르겠다. 어디서부터 손을 대야 할지, 무슨 기안을 올리고 제도를 정비하고 예산을 받아 투입해야 하는지 모든 개념이 형해화되어 있는지 모르겠다. 그 정도에 그치면 좋을 텐데, 이 문제를 다루고 해결할 수 있는 인물이나 집단에 열려있지도 않다.

여러 커뮤니티를 통해 아이들이 토토에 빠져 있다는 소식은 듣긴 했다. 그게 그렇게 재미있나며 호기심을 갖기도 했다. 그뿐이었다. 도박과는 큰 인연이 없는 내가 이해하기 어려운 영역이었다. 초·중·고에 걸쳐 '학생인권'이란 명목 아래 수능 끝난 고3 교실마냥 아이들을 방치하고 자신들의 책임을 방기하는 이른바 진보인권교육 10년의 결과물이 고작 이 꼴이란 말인가. 김상곤, 조희연, 이재정, 김승환 교육감은 청소년들의 도박 중독과 마주하며 어떤 입에 단 소리를 할지 무척 궁금하다.

책에선 10~20만 원 정도가 어른들에게 작은 규모의 액수라고 적혔는데 내게 아니다. 이 시국에 모든 이들에게 그럴 것이다. 바닥부터 돈줄이 막히고 물꼬가 단단히 잠겨있다. 말 그대로 돈 나올 구석이 없다. 내수, 수출, 소비, 고용, 유통, 생계 모두가 막막한 상황이다. 그러함에도 아이들은 사적 염출에 비제도권 고리 대출, 휴대폰 현물 거래에 이어 중고 거래 사기를 마음이 두근거리고 흥분되는 마음으로 도박에 돈을 걸 수 있단 이유로, 주변에 내세울 수 있는 재화를 살 수 있다는 이유로 아무렇지도 않게 자행하는 중이다.

이를 통해 기백, 기천에 달하는 판돈을 주고받고 모아 학교와 세상 앞에서 플렉스한다. 교도소의 담장 이쪽저쪽을 아슬아슬하게 건너가고 있는 셈이다. 영악하게도 촉법소년과 형사 미성년자의 개념을 익히 알고 있을 테다. 소년사건 보호처분 9호, 10호 적용을 받지 않을 만큼의 범행 은폐 역시 이뤄지고 있을 것이다. 대중매체의 사실성이 언제나 환호 받을 수 없는 이유다.

도박 용어 가운데 '초심자의 행운'이라는 유명한 말이 있다. 매번 이 행운이 중독의 첫 단추를 꿴다. 조심스럽게 추론하기론 사이버 상에서 운영하는 각종 불법 도박업체는 청소년을 비롯한 고객을 끌어들일 때 이것이 작동하게 디폴트값을 조절해 둘 것 같다. 거기서 얻은 판돈을 들여다볼 때 마치 자신의 실력이고 대단한 운인 양 여기면 이미 하체 정도는 늪 속에 빨려 들어가고 있는 것이다. 단순히 게임의 참가자로서 그치는 게 아니라 게임을 만드는

자, 즉 포주와 물주로서 또래 친구들을 성매매 여성, 업장의 고객, 고리 채무자 등으로 만든 뒤 막대한 이익을 편취하고 수억에 이르는 슈퍼카를 몰고 사치스러운 재화, 공간을 자랑하는 수순이 눈앞에 그려진다. 이제는 이 행운을 끝내버릴 시간이 왔다는 걸 스스로 깨달으면 좋겠다.

21. 〈불법 온라인 사행산업 단속·방지 및 처벌에 관한 특별법〉 제정의 필요성

불법 도박이 크나큰 사회문제로 떠오르고 불법 도박시장 규모가 날로 커지자 20대 국회에서 〈불법사행산업 단속 및 방지에 관한 특별 법안〉은 20대 국회에서 두 번 발의된 적이 있다. 그러나 국회의원의 무관심 속에 결국 폐기되고 말았다. 그때 강력한 특별법이 제정되었더라면 지금처럼 불법 도박이 청소년을 비롯한 젊은 세대가 도박 중독 수렁에 빠지지는 않았을 것이다. 현재 21대 국회에서는 정치인 그 누구도 불법 도박에 관한 특별법 발의는 전무한 상태다.

〈불법사행산업 단속 및 방지에 관한 특별법〉제정이 필요한 이유는 다음과 같다.

- 형법, 사행산업규제처벌법 같은 일반법으로는 불법 도박 단속이 어렵다.
- 수사기관은 불법 도박 이용 계좌가 의심스러울 시 금융회사에 불법 온라인 사행산업 이용 계좌 전부에 대해 지급정지 조치 요구를 할 수 있어야 한다.
- 불법 도박을 하는 사람이 자진 신고할 시 자신의 범죄에 대해 형을 면제 또는 감경이 필요하다. 플리바게닝 제도다.
- 불법 사행 행위를 한 자는 형량과 벌금을 대폭 강화해야 한다.
- 불법 도박 신고자의 포상금 대폭 인상해야 한다.
- 수사기관은 불법 도박 상시적 단속이 필요하다.
- 사행산업통합감독위원회에 불법 도박 사이트 차단 권한이 주어져야 한다.

22. 청소년 마약 문제 지금이 골든 타임, 미룰 수 없는 시급한 현안이다

앞서 말했듯 코로나19 팬데믹 시대가 만든 사회현상 중 도박 중독, 마약 중독자 급증이다. 코로나 시대 최대 피해자는 1020 세대가 아닐까. 내가 청소년 도박 문제 심각성을 접했을 당시

청소년 여러 명이 이런 말을 했다. "작가님, 도박도 도박이지만 마약도 진짜 심각해요. 펜타닐을 학교 화장실에서 몸에 붙이거나 흡입하기도 하고, 인터넷으로 무슨 알약을 사서 먹어요. 그게 다 마약 종류라고 해요." 사실 당시만 해도 전혀 실감하지 못했다. 펜타닐이라니! 말기 암환자나 수술환자들의 극심한 통증에 처방하는 마약성 진통제로만 알고 있었다. 그런 다음 내가 알고 지내는 청소년 관련 센터 직원에게서도 같은 말을 듣게 되었다. 미디어에서 운영하는 유튜브를 통해 "마약성 진통제 '펜타닐'에 중독된 10대들"이란 뉴스가 부쩍 증가한 시기와 대략 겹친다. 2020년 새해 벽두에 닥친 코로나19는 젊은이들의 생활방식을 크게 영향을 미쳤다. 직장인은 재택근무, 교육기관은 온라인 수업으로 대부분 전환하였다. 그러다 보니 사람들은 자연스레 인터넷 공간에서 시간을 보내는 일이 늘었다. 텔레그램, 페이스북, 트위터, 인스타그램과 폐쇄된 다크웹 사이트는 불법 도박, 마약 거래, 성매매 같은 범죄가 난무했다.

23. 10대 마약 사범 3년 사이 3배 증가,
'합성마약 끝판왕' 펜타닐 중독

문재인 정부 집권 5년이 한국 사회에 남긴 여러 문제 중 두 가지를 든다면 앞서 말했듯 불법 도박 규모 최소 약 4배 이상 증가, 마약 사범 역대 최대 기록이다. 물론 코로나 블루 영향이 일조한 측면도 있다. 그러나 한국을 가리켜 마약 청정국이라는 말은 이미 옛일이다.

문재인 정부 5년간 마약 밀수 단속량 18.4배 증가, 마약 범죄는 7배 가까이 증가했다는 사실이다. 특히 경찰청 마약조직범죄수사과에 따르면 19세 이하 마약류 사범은 전년 동기 대비

약 156.5%가 증가했다고 밝혔다. 10대 청소년 마약 사용 증가는 다음 세대를 이끌 계층이 뿌리째 썩고 있다는 방증이다. 지난해 5월에도 마약성 진통제 '펜타닐'에 중독된 10대 40여 명이 적발되어 경악했다. 합성마약 펜타닐은 2~3년 전부터 국내 일부 장르의 가수들이 유행시키며 선도적인 역할을 하였고, 그들 역시 마약 중독과 힘겹게 싸우고 있는 영상은 유튜브에도 쉽게 찾아볼 수 있다.

펜타닐을 비롯한 마약 중독의 끔찍함은 유튜브 영상을 통해 미국 필라델피아 켄싱턴 거리의 일명 '마약좀비'라 불리는 참상이다. 약 2년 전부터 유튜브를 통해 알려지기 시작한 켄싱턴 마약 거리는 비싼 필로폰, 코카인에 비해 단돈 5달러, 많으면 10달러면 살 수 있는 합성마약 펜타닐 중독자로 넘쳐나는 충격적인 참상이 펼쳐지고 있다. 켄싱턴 약 10블록 거리는 미국 경찰마저 포기한 지역으로 마약 중독 노숙자들이 정말이지 좀비처럼 곳곳에 흐느적거리거나 고꾸라져 있다.

켄싱턴은 마약 판매상들이 공짜로 나눠주기도 해 중독자로 만든다. 미국 전역의 마약 중독자들이 켄싱턴으로 몰려와 이미 손을 쓸 수 없을 정도가 되었다. 미국 질병통제예방센터는 지난 1년 동안 마약 중독 사망자가 사상 최초로 10만 명을 넘었다고 공식 발표했다. 이 수치는 지난해 같은 기간보다 30% 증가한 수치이며, 최근 5년간 2배에 가깝게 폭등했다. 마약 중독자 약 80%가 펜타닐 오남용이며 미국 청장년층 사망 원인 1위는 바로 '펜타닐'이다. 켄싱턴뿐 아니라 샌프란시스코 다운타운, 볼티모어 거리의 마약 중독자들을 촬영한 영상을 보라. 대다수가 남녀 젊은이들이다.

펜타닐은 중증 환자에게 사용하는 진통제로 화학물질을 응용해서 제조하기 쉽다. 펜타닐은 중독성이 다른 마약보다 훨씬 강한 데다, 병원 처방만으로 쉽게 살 수 있다. 호기심 많은 10대들은 쉽게 구입할 수 있다는 점, 호기심에 따라 하기, 향정신성의약품에 대한 무지함, 순간적인 쾌락을 위해 하루에 병원 7~8군데를 다니며 거짓으로 처방전을 받아 펜타닐을 모은다. 인스타그램, 텔레그램 등 SNS에는 마약을 뜻하는 얼음, 아이스 등 은어를 사용하며 청소년들을 유혹하고 있다.

24. 깨진 유리창 이론과 도박, 마약 사범 무관용 원칙

범죄학 관련 논문 중 유명한 글이 1982년 심리학자 윌슨과 경찰 관련 연구자 켈링이 발표한 〈깨진 유리창 고치기〉이다. 논문 중 이런 대목이 있다. "아무렇게나 내버려진 물건들, 제멋대로 자란 잡초, 그리고 깨진 유리창들, 어른들은 난폭한 아이들을 훈계하는 일을 멈추고 아이들은 점점 더 대담하고 난폭해진다. 가족은 해체되고 소속감 없는 사람들만 드나든다. 쓰레기는 쌓여만 가고 사람들은 가게 앞에서 술주정을 벌인다."

깨진 유리창 이론은 위법 행위와 범죄 발생률을 줄이려면 작은 일부터 무질서하고 흉한 일을 먼저 바로잡아야 한다는 주장이다. 사소한 위법 행위라도 죄질이 나쁠 경우 엄격하게 처벌하는 무관용 원칙을 적용하는 것이 더 큰 범죄 행위로 이어지는 것을 막는다. 켄싱턴 마약 거리도 깨진 유리창 이론 하나의 증명인 셈이다.

청소년기 뇌는 성인보다 훨씬 중독에 민감하고 치명적이다. 청소년 마약 문제는 성인 마약 사범과 같이 다루어서는 안 된다. 청소년 마약문제는 따로 예방책과 중독치료소 확충 등이 필요하다. 도박 중독, 마약 중독은 질병임을 인식하고 성인과는 차별화된 솔루션이 요구된다. 정부 관계자들도 불법 도박과 마약 사범과의 전쟁을 선포해야 한다. 지금이 골든 타임이다. 이 시기를 놓치면 그다음은 상상하기 싫은 사회가 기다리고 있음을 명심해야 한다.

○나오며

대한민국을 도박 공화국으로 만든 '바다 이야기'

도박과 마약은 암수범죄, 즉 범죄의 공식 통계상에 잡히지 않는 숨겨진 범죄율이 최대 30배에 달한다는 게 정설이다. 청소년 도박 실태는 훨씬 심각해 이미 청소년 도박 정도는 성인 도박 수준을 넘어섰다고 말한다. 2019년 대검찰청 자료에 따르면 소년 강도 범죄 범행 동기 중 16.7%가 유흥, 도박비 마련을 위해서라고 한다. 청소년들이 도박할 돈이 필요하거나 도박 빚에 시달릴 경우 절도, 강도 범죄가 크게 증가할 수 있다.

우리나라가 도박 공화국이 된 결정적 계기를 더듬어보면 성인용 오락게임 '바다 이야기' 사건을 말하지 않을 수 없다. 노무현 정부의 최대 의혹 중 하나가 바로 이 사건이다. 바다 이야기는 일본의 파칭코 게임을 응용해 만든 오락게임으로 2004~2006년까지 전국을 사행성 도박장으로 물들였다. 2006년 하순까지 153명이 형사처벌을 받았고 국회의원 보좌관, 상품권·게임업자, 문화관광부 공무원, 조직 폭력배 등이 얽히고설켜 있었으며 노무현 전 대통령 친인척까지 연루되었다는 의혹으로 나라가 들끓었던 사건이다. 바다 이야기의 결정적 문제점은 2004년 정동채 문화관광부 장관 재임 시 경품용 상품권을

게임할 때마다 바꾸도록 한 문화관광부 고시 '제2004-14호'에
서 시작되었다. 간단히 말해 바다 이야기 오락게임을 할 때 경
품용으로 상품권으로 바꿔 사용을 합법적으로 가능하게 하면
서부터다.

상품권은 곧 현금 사용이 가능하다. 그러다 보니 상품권 시
장이 폭발적으로 증가하여 종전까지 4,000억 원에 불과했던
상품권 시장이 최대 63조 원 시장을 형성하였던 것이다. 성인
오락실에서 상품권을 사용할 수 있게 되자 환전 수수료, 발행
수수료 등으로 엄청난 이득이 발생하며 결과적으로 대한민국
을 도박 공화국으로 만든 주범이 바로 바다 이야기다. 이 사건
은 현재까지도 정치권 실세와 상품권 발행을 둘러싼 로비 의혹
은 말끔히 해소되지 않았다. 바다 이야기는 건전한 오락게임을
사행성 도박으로 활성화시켜 게임 산업의 판도를 바꿔버린 사
건이다.

청소년 도박 문제는 성인 도박과 완전히 다르다는 것을 인지해야

이후 스마트폰이 급속히 발전하며 온라인 불법 도박이 청소
년들을 삼켜 버렸다. 나에게 하소연하는 이제 겨우 16세 고교
생의 절박한 외침 "단도박 하고 싶어요. 어떻게 해야 할지 모르
겠어요." 어쩌다 이 지경에 이르렀는지! 내가 청소년 도박 문제

로 상담한 학생들 중 1/3 정도는 도박이 자신을 구렁텅이로 빠트리고 인생을 망친다는 것을 안다. 나머지는 여전히 도박을 경제활동, 수익사업 일환으로 여기며 도박에 열중한다.

벗어나려고 몸부림쳐도 스스로 해결방법이 없는 것이 도박 중독이다. 청소년기 중독은 뇌에 치명적이기 때문이다. 내가 이 학생에게 해 줄 수 있는 방안이 없어서 안타깝고 우울하다.

아이로니컬하게 부모들은 "우리 애가 도박을 해?" "우리 애가 마약을?" 10명에 10명은 다 같은 반응을 보이며 인정하려 들지 않는다. 청소년들은 부모 속이기가 제일 쉽다고 한다. 또 자신이 도박을 하는지 절대 몰라야 한다고 말한다. 그래서 부모들은 자녀가 돌이킬 수 없을 정도로 도박 중독에 빠진 후에야 맨 나중에 사실을 알게 된다. 부모들은 그냥 용돈 주고 맛있는 거 배불리 먹이고 성적 좋으면 최고다. 자녀가 무슨 생각을 하는지 어떤 행위를 하고 다니는지 조금만 촉이 있어도 금방 알 수 있음에도.

나는 전적으로 청소년 잘못이라 생각지 않는다. 다 어른들이 만든 불법 도박 사이트로 일확천금을 노리게 프로그래밍 해두고 덫을 설치했기 때문이다. 청소년들은 어른들 판박이다. 어른들이 하는 나쁜 짓은 그대로 따라 한다.

학교는 상위권 학생들을 얼마나 좋은 대학에 진학시킬 수 있는지 그것만이 최고 관심사다. 학생부 종합전형에 좋은 기록을 남기기 위해 생기부에는 번드르르하게 포장된 진정성이 결여된 여러 봉사활동, 체험활동만이 중요하다. 성적 상위권을 제외한 나머지 학생들은 도박을 하든, 마약을 하든 모른 척, 덮어두기, 시치미 떼기로 넘어간다. 그러는 동안 학생들은 온갖 유해 환경에 노출되어 속으로 곪아가고 있다. 게다가 전국 17개 시·도 교육청에서 제정한 학생인권조례는 학생 인권 보장을 이유로 교사들의 계도에 어려움을 주고 있다. 학생인권조례에는 소지품 검사 금지, 휴대폰 사용 자유 등 사생활 자유 보장을 명시하고 있다. 학생인권조례의 문제점은 학생들에게 인권이란 이름으로 무제한의 자유를 주고, 교권은 추락시키고 있다는 것이다. 교육을 받는 학생의 책임과 의무에 대해서는 단 한 줄도 없는 것이 학생인권조례다.

전 세계 도박 중독은 감소 추세라고 하지만 한국은 이와 반대로 도박 중독이 급증하고 있다. 미국·영국·프랑스 등의 국가보다 도박 중독자가 2~3배 높다. 도박은 질병이며 약물 치료가 필요함을 인식해야 한다. 도박 중독자의 뇌 사진을 보면 마약인 코카인 중독 뇌와 흡사함을 알 수 있다. 청소년 도박 문제는 성인 도박과 완전히 다르다는 것을 인지해야 한다. 따라서 청소년도박중독치유센터는 성인과 완전히 분리하여 상담, 치료

해야 한다. 청소년전담도박중독상담가와 청소년도박중독치료
소 확충도 필요하다.

　청소년들을 불법 도박에서 구출하자. 청소년 도박, 마약 문
제. 지금이 골든 타임! 우리 아이들을 지키자!

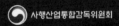

온라인 올가미!
당신을 노립니다

온라인 도박(금전거래 등)은 불법

순간의 호기심이 **미래를 빼앗아** 갑니다

불법도박신고센터 (포상금 최대 5천만원)	1855-0112	도박문제 전문 상담 (365일 24시간 운영)	1336

충격 실태 보고서

사지로 내몰린 청소년들

인 쇄 | 2023년 2월 16일
발 행 | 2023년 2월 20일

글쓴이 | 최인영 · 오세라비
펴낸이 | 장호병
펴낸곳 | 북랜드
　　　　06252 서울 강남구 강남대로 320, 황화빌딩 1108호
　　　　41965 대구시 중구 명륜로12길 64(남산동)
　　　　전　　화 | (02)732-4574, (053)252-9114
　　　　팩　　스 | (02)734-4574, (053)252-9334
　　　　등 록 일 | 제2014-000015호(2000년 11월 13일)
　　　　홈페이지 | www.bookland.co.kr
　　　　이 메 일 | bookland@daum.net

책임편집 | 김인옥
교　　　열 | 전은경 배성숙
ⓒ 최인영·오세라비, 2023, Printed in Korea

ISBN 979-11-92613-39-0 13330
ISBN 979-11-92613-40-6 15330 (E-book)

값 12,000원